2024年度河南省高校人文社会科学研究一般项目"双碳"及实现路径研究——以河南省为例（项目批准号：2024-ZZJH-175）阶段性成果

自有品牌线下体验对线上购买意愿影响研究

王喜凤　著

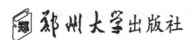

郑州大学出版社

图书在版编目(CIP)数据

自有品牌线下体验对线上购买意愿影响研究／王喜凤著. -- 郑州：郑州大学出版社，2024. 10. -- ISBN 978-7-5773-0633-9

Ⅰ. F713.55

中国国家版本馆 CIP 数据核字第 20241WN237 号

自有品牌线下体验对线上购买意愿影响研究
ZIYOU PINPAI XIANXIA TIYAN DUI XIANSHANG GOUMAI YIYUAN
YINGXIANG YANJIU

策划编辑	成振珂	封面设计	苏永生
责任编辑	吴 静	版式设计	苏永生
责任校对	陈 思	责任监制	李瑞卿

出版发行	郑州大学出版社	地 址	郑州市大学路 40 号(450052)
出 版 人	卢纪富	网 址	http://www.zzup.cn
经 销	全国新华书店	发行电话	0371-66966070
印 刷	郑州宁昌印务有限公司		
开 本	710 mm×1 010 mm 1 / 16		
印 张	11.75	字 数	182 千字
版 次	2024 年 10 月第 1 版	印 次	2024 年 10 月第 1 次印刷

书 号	ISBN 978-7-5773-0633-9	定 价	56.00 元

本书如有印装质量问题,请与本社联系调换。

序

　　随着我国改革开放的不断深入发展,易初莲花、沃尔玛、家乐福等国外零售巨头纷纷进入中国市场,国内零售业竞争日益加剧。零售业竞争白热化使得越来越多零售商加大自有品牌投入,并将自有品牌培养纳入企业长期战略规划。自有品牌成为各大零售商满足消费者差异化诉求、提升市场份额、创建强势品牌和创造品牌价值的重要武器。

　　20世纪60年代,西方零售业管理实践中开始实施自有品牌战略。经过半个多世纪的发展,国外零售自有品牌发展已趋于成熟。美、英、法等国的自有品牌市场份额高达30%~50%。由于自有品牌在提升零售竞争力、赋能零售品牌方面有着无可比拟的竞争优势,近十年国内零售商尝试引入自有产品,实施自有品牌战略,涌现出国美、盒马鲜生、永辉、京东京造、屈臣氏、华润万家等一系列零售自有品牌。达曼国际咨询于2020年12月26日公布的《2021年中国自有品牌行业发展白皮书》显示,2020年中国自有品牌市场总体增长22.7%,超快速消费品12倍以上(快消品同期增长仅1.8%),实现跨越式增长。网络零售的蓬勃发展给传统实体零售业造成严重冲击,曾引爆线下短期内的"关店潮",实体零售在互联网时代遭遇发展瓶颈。习近平总书记曾深刻指出:"没有需求,供给就无从实现,新的需求可以催生新的供给;没有供给,需求就无法满足,新的供给可以创造新的需求。"面对我国零售业发展困境,国家先后出台了《关于搞活流通扩大消费的意见》《关于推进国内贸易流通现代化建设法治化营商环境的意见》《关于推动实体零售创新转型的意见》等文件,明确指出以需求引领消费,鼓励零售企业转型升级,积极开发自有产品,实行深度联营。国家"十四五"规划也提出,"要提高

1

流通效率,促进线上线下消费融合,改善市场供给质量"。党的二十大报告也明确提出,"把实施扩大内需战略同深化供给侧结构性改革有机结合起来"。这为我国实体零售业提供了改革方向和政策依据,也表明零售业双线深入融合和自有品牌战略是我国实体零售转型升级的必然趋势,同时也从另一个侧面反映了我国实体零售转型升级的紧迫性。

互联网时代,实体零售自有品牌线下顾客体验在吸引顾客、黏住顾客和提升品牌竞争力等方面发挥着重要作用。如何通过增强自有品牌顾客体验充分发挥实体零售竞争优势,提升顾客对线上自有品牌的购买意愿,实现线上线下深度融合,激活实体零售行业,推动供给端零售业高质量发展将是新零售背景下需要研究的现实课题。本书以品牌信任为中介变量、自有品牌熟悉度和在线评论为调节变量,构建实体零售自有品牌线下顾客体验对线上顾客购买意愿影响的研究模型,探讨五个变量之间的内在关联,既可以丰富和完善实体零售、顾客体验、顾客购买意愿、品牌信任和自有品牌的研究成果,也可以为实体零售自有品牌强化顾客体验,赢得顾客对自有品牌的信任,提升零售自有品牌忠诚度和顾客"黏性",并将顾客从线下"引流"到线上,引发顾客产生线上平台购买意愿和购买行为提供全新思路和合理化建议。

本书采用理论与实证分析相结合的研究方法,在梳理大量国内外文献资料和相关成熟理论的基础上提出本书的理论模型及基本假设,同时结合本书情境,借鉴国内外学者成熟量表,进行各种变量的定义、测量,完成问卷的设计、预调、删减和完善,形成正式问卷。运用软件 SPSS 25.0 版本和软件 AMOS 24.0 版本进行问卷调查数据的分析、处理,检验理论假设,得出实证分析结论:①自有品牌线下顾客体验对品牌信任、线上购买意愿均产生正向影响作用;②品牌信任对自有品牌顾客线上购买意愿具有正向影响作用,品牌信任在自有品牌线下顾客体验和线上购买意愿两个变量之间起着部分中介作用;③自有品牌熟悉度正向调节智能化购物体验和品牌信任之间的关系,而自有品牌熟悉度分别在自有产品体验和品牌信任之间、员工服务体验和品牌信任之间的正向调节作用不显著;④在线评论调节作用验证结果显示,评论数量、评论质量、评论呈现形式分别在品牌信任和自有品牌产品线上顾客购买意愿之间的调节作用显著,但评论者资信度在品牌信任和自有品牌产品线上顾客购买意愿之间的调节作用未通过验证。

基于上述实证结论和屈臣氏企业案例分析,本书为实体零售自有品牌持续发展提出若干建议。首先,重视顾客线下购物体验的精细化管理,具体做法是成立独立自有品牌事业部,确保自有产品品质;提升员工服务水平,强化顾客线下服务体验;加快实体店数字化管理进程,增强顾客智能化购物体验。其次,注重顾客对自有品牌信任的培育,具体做法是重视线下购物体验对自有品牌信任的提升作用;高度重视店铺形象的塑造和提升,提升顾客对该零售商所开发的自有品牌的信任程度。再次,高度重视自有品牌熟悉度对品牌信任的调节作用。加强顾客在线评论管理,引导顾客客观地进行在线评论,避免有偿性、虚假性"好评"。最后,融入新零售管理思维,赋能零售实体自有品牌高质量发展。

前　言

　　21 世纪以来,北京、上海、广州、深圳等一线城市的零售业得到快速发展,我国零售业发展呈"井喷"态势,整体实力不断增强,并逐渐成为经济社会发展的主导产业和提升居民生活品质、提高居民幸福指数的基础性行业。商务部统计数据显示,2023 年社会消费品零售总额 47.15 万亿元,同比增长7.2%。Deloitte 发布的《2023 全球零售力量》(*Global Powers of Retailing 2023*)统计报告指出,中国七家企业:京东(第 7 名)、阿里巴巴新零售(第 29名)、屈臣氏(第 54 名)、苏宁(第 58 名)、唯品会(第 67 名)、永辉超市(第 94名)、周大福(第 98 名)上榜全球零售 100 强。相较于沃尔玛、亚马逊、好事多公司、乐购、麦德龙、迪卡侬、玛莎百货等欧美零售企业,我国本土零售企业的市场竞争力和营利能力整体处于较低水平,尤其是随着电子商务的蓬勃发展、海外淘大军的形成,市场竞争区域界限被打破,竞争激烈程度进一步加剧,传统零售在营销模式、营销成本、市场适应力等方面的弊端逐渐显现,战略转型势在必行。

　　当前,在宏观社会经济文化等多种因素裹挟下,冲动型消费减少,理智型消费渐增,消费者在消费决策过程中越来越理性,对性价比较高的产品购买意愿更为强烈。打造优质、高价值的自有产品,实施自有品牌战略不仅成为传统零售企业发力的重点,也成为传统零售企业突出重围的一个重要"突破口",还是传统零售企业创造自身价值的关键途径(如屈臣氏、苏宁、永辉超市、盒马鲜生等)。经过近二十年的大胆尝试与积极探索,中国零售自有品牌积累了一定的经验,取得了一定的发展。中国连锁经营协会 2019—2022 年中国超市 TOP100 调查数据显示,四年间 TOP100 超市自有品牌产品开发力度不断增强,2020 年中国超市 TOP100 企业平均拥有 SKU 数量超过 900 个;2021 年中国超市 TOP100 企业自有品牌单品数连续稳步提高;中国超市 TOP100 企业自有品牌销售占比从 2018 年的 3.20% 提升至 2022 年的 5%,年均增长率约为 14.06%[①]。自有品牌将提高零售品牌知名度、增强零售企业独立性、确保品牌质量、降低渠道风险、确保自主定价权、掌控利润空间、提高核心竞争力等诸多优势展示得淋漓尽致。总之,中国零售自有品牌虽起步较晚,但发展速度较为迅猛。例如,永辉超市 2023 年半年报显示,2023 年上半年,永辉自有品牌实现销售额 19.5 亿元,同比增长 15.2%,占总营业收入比重达 4.64%,贡献线上业务收入比重高达 22.5%;截至 2022 年年底,盒马自有品牌商品类目达 1200 多种,销售占比高达 35%[①]。但相较 2022 年欧洲十七国(德国、法国、意大利、西班牙等)均超过前两年的自有品牌销量占比和销量占比均值[②]、2022 年全美自有品牌增加 232 亿美元销售额[③]、2023 年英国超市自有品牌 2 倍于生产商品牌的销售速度[④],我国零售自有品牌与之存在很大差距,零售自有品牌尚有较大的发展空间。

在供给侧改革和社会经济高质量发展大背景下,自有品牌是我国实体零售改革的重要内容之一,也是我国实体零售改革的关键抓手。习近平总书记在谈及供需关系时曾指出:"没有需求,供给就无从实现,新的需求可以催生新的供给;没有供给,需求就无法满足,新的供给可以创造新的需求。"《关于推动实体零售创新转型的意见》等一系列文件也明确指出,鼓励零售企业转型升级,积极开发自有产品,实行深度联营。国家"十四五"规划也提出,"要提高流通效率,促进线上线下消费融合,改善市场供给质量"。党的二十大报告明确提出"把实施扩大内需战略同深化供给侧结构性改革有机结合起来"。国家一系列政策法规的指引与导向进一步表明,精耕自有品牌,加快实体零售转型升级,提高实体零售供给质量,助力自有品牌高质量

---

① 中国连锁经营协会《2023 中国商超自有品牌案例报告》。

② 尼尔森 2022 年欧洲自有品牌数据。

③ 美国信息资源公司 IRI 数据。

④ Esmmagazine:《Private - Label Sales In UK Growing Twice As Fast As Branded Goods:NIQ》。

发展,提升实体零售品牌的整体市场竞争力,将是我国零售业可持续发展的必由之路。

互联网技术的快速发展和电子商务的崛起转变了顾客的消费习惯和消费行为,拥抱互联网与线上网购已成为广大顾客日常生活中不可缺少的一部分。从市场营销者角度看,为了更好地迎合顾客的消费习惯,零售商纷纷用互联网思维转变经营模式,积极开设线上网店。那么,实体零售在从线下转移到线上的发展路径中,实体零售店扮演着什么角色?是否新零售兴起背景下实体零售"戏份"将被大大削弱甚至彻底删减?网络竞争白热化的当下,线上网购平台如何通过自有品牌产品留住顾客?事实表明,顾客在感受突破时空限制、随时随地网购乐趣的同时,却从未放弃线下实体店内高效便捷、真实可靠的消费体验机会,线下实体零售对"O2O""O+O"等新零售模式良性运转发挥着强大的支撑作用。带着对上述几个问题的深入思考,笔者梳理大量国内外相关文献,近几年国内理论界有关"新零售""跨渠道融合""自有品牌"的研究热度逐年递增,研究成果也较为丰富,但涉及自有品牌线下线上融合发展的研究成果相对较少。基于此,遵循着"实体主导支撑、线上辅助发散"的研究思路,笔者尝试通过打造实体零售自有品牌的顾客体验中心,从提升线下顾客体验的视角,探究实体零售自有品牌顾客体验与自有品牌顾客线上购买意愿之间的作用机理,打通实体零售与线上网店之间的通道,助力实体零售自有品牌线上线下跨渠道深度融合。

遵循上述研究思路,本书重点对以下几个问题进行探讨:其一,实体零售自有品牌顾客线下体验是否会引发并强化顾客对该自有品牌产品的线上购买意愿?哪些因素会影响实体零售自有品牌顾客线下体验?自有品牌顾客线下体验应如何衡量?其二,实体零售自有品牌顾客线下体验与顾客线上购买意愿之间是否存在间接效应?我国自有品牌普及度和知名度不高,顾客对自有品牌信任度普遍较低。实体零售自有品牌顾客线下体验是否能够增强顾客的品牌信任,进而将线下自有品牌信任传至线上品牌信任,最终强化顾客线上购买意愿?其三,是否存在一些其他影响因素并调节着实体零售自有品牌顾客线下体验—自有品牌信任—顾客线上购买意愿三者之间的作用关系?自有品牌熟悉度高的顾客是否通过实体零售线下体验能够产生更强的自有品牌信任？网购情境下，顾客基于对自有品牌信任而引起的线上购买意愿是否受到在线评价的影响？

本书采用定性分析与定量分析相结合的方法，以顾客体验理论、新零售理论、品牌信任理论、顾客购买意愿理论和迁移理论为理论基础，结合实证分析和案例分析的研究方法，尝试性探讨实体零售自有品牌顾客线下体验对顾客自有品牌线上购买意愿的影响机制。笔者将顾客自有品牌线下体验作为自变量，品牌信任作为中介变量，顾客自有品牌线上购买意愿作为因变量，自有品牌熟悉度和在线评论作为调节变量，构建研究理论模型，借助问卷星平台、线下拦截式访问和深度访谈，收集了大量的样本数据，运用 SPSS 25.0 版本和 AMOS 24.0 版本统计软件对样本数据进行分析处理，探究上述四类变量之间的关系。除此之外，笔者还进行了案例研究，以目前国内自有品牌开发相对比较成功的屈臣氏为例进行企业案例分析，从产品门类、员工服务、智能化设备三个方面整理了屈臣氏实体零售门店打造顾客体验中心的具体做法，并分析了屈臣氏在数字化转型过程中的"O+O"生态系统，进而阐述了作为我国自有品牌战略实施先行者的屈臣氏通过提升用户线下体验打通线上通道，将顾客引流线上的成功之道。本书的研究框架如下。

第一章为绪论。主要阐述研究背景、研究意义、研究思路、研究方法、研究内容、研究框架、研究的关键点及可能的创新之处等。

第二章为理论基础与文献综述。主要对实体零售自有品牌线下线上融合的相关文献进行回顾和梳理。文献回顾主要从自有品牌内涵、自有品牌线下体验、自有品牌线上购买意愿、品牌信任、在线评论、品牌熟悉度等六个方面进行综述和评价；主要借鉴了新零售理论、顾客体验理论、品牌信任理论、顾客购买意愿理论和迁移理论，这为本书研究顺利实施奠定了坚实的理论基础。

第三章为研究假设与理论模型。在梳理大量国内外文献资料和相关成熟理论的基础上提出自有品牌线下体验（产品体验、服务体验和智能化体验）正向影响线上购买意愿、品牌信任在顾客自有品牌线下体验与线上购买意愿的关系中发挥着中介作用、自有品牌熟悉度在自有品牌线下体验（产品体验、服务体验和智能化体验）对品牌信任影响中发挥着正向调节作用、在线评论在品牌信任对线上购买意愿的影响中可能发挥着调节作用等基本假设，在上述研究假设的基础上构建本书的理论模型。

第四章为研究设计。依据本书具体情境，在梳理文献和借鉴成熟测量工具的基础上，完成自有品牌线下体验、线上购买意愿、品牌信任、自有品牌熟悉度、在线评论五个变量的可操作性定义与测量，设计调查问卷并进行前测，进行最后修订和完善。通过线上调查与线下拦截访问两种方法，实施为期52天的正式调查，回收问卷300份，剔除30份无效问卷，共收到有效问卷270份，有效率90%。

第五章为实证结果分析。运用统计软件SPSS 25.0和AMOS 24.0对上述回收有效数据进行实证分析，检验假设，结果表明：①自有品牌线下体验对线上购买意愿产生正向影响作用。②品牌信任在自有品牌线下体验和自有品牌线上购买意愿之间起着部分中介作用。③自有品牌熟悉度正向调节智能化购物体验和品牌信任之间的关系。④评论数量、评论质量、评论呈现形式分别在品牌信任和自有品牌线上购买意愿之间的关系中存在调节效应。

第六章为案例企业分析。本书进行实体零售自有品牌线下顾客体验—线上购买意愿的案例研究。本着目的性、典型性、启发性和可行性的基本原则，笔者经过慎重筛选和权衡，最终选取国内实体零售自有品牌先行者屈臣氏作为案例企业进行个案分析。通过实地调查、深度访谈、行业报告、搜索引擎、数字媒体等多种信息渠道，笔者获取有关案例企业丰富的一手资料和二手资料，并罗列屈臣氏全面升级门店，不断从自有产品体验、员工服务体验和智能化购物设施体验三个维度提升实体店顾客体验，将顾客从线下引流线上的重要举措，进一步深入剖析屈臣氏在数字化转型过程中的"O+O生态系统"，最后进行经验总结。案例分析结果基本符合前文对实体零售自有品牌线下体验和线上购买意愿之间关系的理论假设与实证结论。

第七章为研究结论及展望。笔者结合实证分析和案例分析结果归纳本书的研究结论。本书根据当前我国实体零售自有品牌发展中存在的诸多问题提出了一系列管理建议：重视线下顾客体验的精细化管理；注重自有品牌信任的培育；加强顾客在线评论管理；融入新零售管理思维。此外，笔者还表明了本书研究的局限性,并对我国零售自有品牌未来研究方向进行展望,从而使得全书框架结构更加完整。

实施自有品牌战略是当前我国实体零售行业发展的重要趋势,既是一次难得的市场机会,同时也面临着各种严峻的挑战,近几年已逐渐成为零售学、营销学理论界关注的热点话题。基于此,本书结合中国具体情景,从用户体验角度出发,对实体零售自有品牌从线下引流线上的作用机理进行了相关研究,并得到河南省哲学社会科学规划办、前辈、各位同事的鼎力支持,希望本书的研究成果能够为后续开展实体零售自有品牌高质量发展等相关研究提供参考与借鉴,并为国内实体零售企业开发自有品牌提供实践管理方面的参考。

王喜凤

于信阳南湾湖畔

2024 年 2 月 20 日

目　录

1
绪论

1.1 研究背景

    自有品牌进入中国已有30多年的发展历史。国内零售企业也在积极开展自有品牌战略探索性实践活动。华润万家于2003年年底建立了个人护理品牌"简约组合",随后2007年创建"润之家"食品品牌;凡客商城于2010年推出"凡客"牌衬衣;京东商城也于2012年建立了自有品牌"dostyle",2018年、2019年分别创建"京东京造"和"惠寻"两个自有品牌,商品涉及电器、数码、服饰、鞋包、个护、食物、饮品等七大门类;王府井百货也在2014年成立了名为"Fist wert"的男装品牌。经过近几十年的探索性实践,自有品牌战略差异化竞争优势日益显著,成效凸显。

    近几年,国内"自有品牌热"持续升温,本土零售纷纷在商业活动中积极引入自有品牌,涌现出一大批开发自有品牌的零售企业,例如新零售盒马鲜生、传统零售永辉超市、电器零售苏宁企业、京东京造等。2020年永辉超市自有品牌SKU超1000个,自营到家业务已覆盖1000余家门店,自有品牌总销售额达28.46亿元,同比增长45.9%(新浪证券,2021年4月23日),线下门店覆盖29省545市(区/县),门店数量2023年将突破1134家(2023年3月1日,永辉官网数据)。2022年10月31日,腾讯网新闻报道指出,盒马鲜生"以自有品牌为突破口"创建盒马、盒马工坊、日日鲜和帝皇鲜等自有品牌,致力于打造商品力,自有品牌商品类目 1200 余种,自有品牌商品销售额占比已达到 35%。永辉超市先后创建永辉优选、田趣、欧馥芮、惠相随、馋大狮等一系列自有品牌,涉及生鲜、家居用品、干杂日配、休闲零食、酒水等多个品类。多年前苏宁电器就开始着手实施自有品牌战略,目前下设有苏宁宜品、苏鲜生、狮客、百邻、乐可爱和艺黛丽等自有品牌,自有商品覆盖日用、生鲜、家电、食品、母婴、美妆等领域。2019 年 6 月 24 日,尼尔森数据显示,苏宁电器自有品牌总销售额达 427.78 亿元,占比约 15%;2021 年苏宁完成 1000 个 SKU 开发;2022 年"双十一"期间,以生鲜类为主的自有品牌商品销售出现爆发式增长,快消品类自有品牌产品整体销售额达 2350 万元,销售商品 95 万件(2022 年 11 月 18 日,新浪财经)。2022 年京东京造自有产品销售额同比增长 60%、超 100 个品类年均销售额增长超过 300%、自有品牌新品开发成功率超过 90%、帮助工厂平均缩短 30 天库存周转⋯⋯3 月 17 日,京东自有品牌业务负责人王笑松发布"新灯塔计划",提出京东自有品牌将致力于升级产品体验、打造高价值用户体系、提高供应链效率(《中国证券报》,2023 年 3 月 20 日)。

　　西方零售业实施自有品牌战略历经半个多世纪,已进入成熟期。美、英、法等国的自有品牌市场份额高达 30% ~ 50%(《中国经济报》,2018 年 8 月 9 日)。2020 年中国自有品牌市场总体增长 22.7%,超快速消费品 12 倍以上(快消品同期增长仅 1.8%),实现跨越式增长(达曼国际咨询,《2021 年中国自有品牌行业发展白皮书》,2020 年 12 月 26 日)。随着疫情散去和消费回暖,自有品牌将成为我国零售业增长的超级引擎(《2022 年中国自有品牌蓝海战略白皮书》,自有品牌产业研究院)。在自有品牌快速发展的当今中国,零售业竞争白热化,越来越多零售商加大自有品牌投入,并将其作为长期发展战略。自有品牌成为各大零售商满足消费者差异化诉求、提升市场份额、创建强势品牌和创造品牌价值的重要武器。互联网是把双刃剑:一方面,网络零售的蓬勃发展给传统实体零售业造成严重冲击,曾引爆线下短期内的"关店潮"(杨尊尊,2020),实体零售自有品牌在互联网时代遭遇发展瓶颈;另一方面,互联网络为自有品牌创建和传播创造了机会和条件,低成本、高效率和强集聚,使得自有品牌塑造进入加速度时代(黄若、翟文婷,2013）。实体零售自有品牌线下顾客体验在吸引顾客、留住顾客和提升品牌竞争力方面起着重要作用。如何借力自有品牌发挥实体零售竞争优势,通过增强顾客体验进而激活实体零售行业？如何提升顾客对线上自有品牌的购买意愿,将顾客从线下引流线上,实现线上线下深度融合？这正是线上线下融合背景下实体零售自有品牌线下顾客体验对线上顾客购买意愿影响研究将要回答的问题。

1.2 研究意义

1.2.1 理论意义

（1）本书从线上线下融合的视角,探讨实体零售顾客线下体验对线上购买行为的影响,厘清二者之间的作用机理。在互联网技术发展和电子商务崛起背景下,国内学者对顾客购买意愿的研究重心已逐渐由线下实体转向线上店铺,近几年有关顾客线上购买意愿的研究成果较多,明显呈上升趋势,但从线上线下融合角度研究顾客体验与顾客购买意愿之间关系的研究成果不多,从线上线下融合角度研究自有品牌产品线下顾客体验与线上顾客购买意愿之间关系的研究成果更是有限。本书将实体零售店自有品牌线下顾客体验作为前因变量,品牌信任作为中介变量,自有品牌产品线上顾客购买意愿作为结果变量,品牌熟悉度和在线评论作为调节变量,构建了理论模型。本理论模型的建立有助于进一步理解并探讨实体零售自有品牌产品顾客线下体验对自有品牌产品线上顾客购买意愿的影响机理。本书一方面可以丰富当前我国有关顾客体验与消费者购买意愿的研究,也可以进一步丰富国内本土零售自有品牌研究;另一方面也为国内学者进一步深入探索我国本土自有品牌线上顾客购买行为提供了研究方向。

（2）本书验证了品牌信任的中介作用。国内有关自有品牌理论研究成果较为有限,研究成果往往聚焦实体零售视角或线上零售视角,将线上和线下割裂开来单独审视。本书则从线下和线上融合的角度来探讨自有品牌多渠道发展策略。研究发现,较强的自有品牌线下智能购物体验、较强的自有品牌线下员工服务体验、较强的自有品牌线下自有产品体验均可强化顾客的品牌信任,进而引发顾客对线上自有品牌商品的信任和购买意愿。本书能够进一步充实当前我国本土自有品牌双线融合视角下的研究成果。

(3)本书验证了品牌熟悉度和在线评论的调节作用。体验营销理论认为顾客体验感对于产生顾客的认知度、满意度和忠诚度至关重要。因此,顾客购物体验、消费者心理与品牌信任三者关系密切。那么,顾客自有品牌熟悉度的高低不同是否会引发不同程度的购物体验呢?顾客自有品牌熟悉度的高低不同是否会引发不同程度的品牌信任呢?认知结构知识理论认为一切有意义的学习都是从原有认知的基础上产生的,原有认知结构会影响新内容、新知识的习得。由此推断,顾客在实体店内积极的自有品牌消费经验所形成相对稳定的顾客认知结构,也即自有品牌的认知度和满意度,在某种程度上会迁移到顾客线上的自有品牌认知度和满意度。那么,第三方顾客在线评论的高低不同会导致自有品牌的认知度和线上购买意愿之间关系产生关联性变动吗?本书通过实证分析,分别讨论了品牌熟悉度和在线评论的调节作用,研究发现,顾客的自有品牌熟悉度越高,实体零售自有品牌店铺内顾客良好的智能化体验越容易引发并强化其对自有品牌的信任;而当第三方顾客在线评论数量越多、质量越高、评论呈现形式越多样化时,却反向弱化自有品牌信任对自有品牌产品顾客线上购买意愿的正向作用。

1.2.2 实践意义

(1)由于自有品牌引入国内时间有限,我国零售业自有品牌经营管理实践活动尚处于起步向快速发展过渡的阶段。自有品牌产品经营管理实践活动也处于探索阶段,国内线下实体企业对消费者自有品牌购买行为的分析与引导、对提升消费者自有品牌购买意愿的方法也在经营实践活动中进行不断尝试,符合我国当前数字化时代背景和经济发展宏观环境的实践管理经验不够丰富,需要相关科学理论指导的实际。通过构建实体零售自有品牌顾客体验影响模型,厘清零售自有品牌线下体验与线上购买意愿融合机理,有助于为本土实体零售自有品牌提供更优质的顾客体验,并为提升品牌忠诚和顾客"黏性"提供实践指导。

(2)伴随着新零售的崛起,消费者购买偏好趋于互动化、虚拟化,线下和线上的边界越来越模糊,零售的发展也呈现双线融合趋势,单一的线下实体零售模式受到较大冲击,曾一度出现"关店潮"的社会现象。如何通过提升实体零售自有品牌产品顾客体验以提高实体店顾客满意度,并将顾客从实体线下"引流"到虚拟线上,提高本土零售自有品牌的整体竞争力?如何引导实体零售自有品牌经营者树立新零售思维和双渠道营销模式?本土实体零售自有品牌经营者和管理者或许可以在本书中找到思路和方向。

(3)互联网背景下,电子商务发展迅猛,近几年在直播带货的加持下,国内电商市场竞争程度进一步加剧。如何凸显自有品牌竞争优势,强化顾客对线上自有品牌产品的购买意愿,并将其成功转化为顾客的线上购买行为,提升自有品牌商品网络竞争力?本书能够为自有品牌零售电商企业是否开设线下体验店提供决策依据。

(4)本书以包括张仲景大药房等中华老字号在内的传统实体零售店为调查对象,进行跨行业研究,研究结果对国内实体零售业具有普适性,能够为各行业线下实体店多渠道引流管理提供实践参考。

1.3　研究思路与研究方法

1.3.1　研究思路

本书将以文献研究为基础,以"文献梳理→研究设计→实证分析→策略与建议"为主线,综合采用定性和定量相结合的研究方法。具体技术路线如图 1-1 所示。

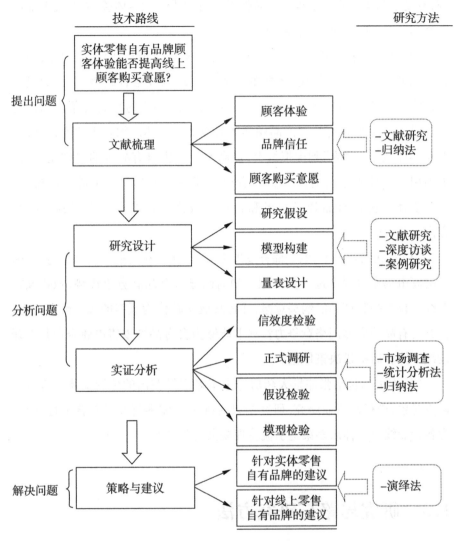

图1-1　研究思路和技术路线

1.3.2　研究方法

本书将主要采用文献研究法、案例研究法、深度访谈法、问卷调查法、统计分析法、归纳演绎法等研究方法。

（1）文献研究法。通过输入"自有品牌""顾客体验""购买意愿"等关键词，在中国知网检索国内外相关文献资料，查阅并梳理关联度较高的研究成果,熟悉国内有关自有品牌研究现状,撰写文献综述,提出研究假设,构建品牌信任在实体零售自有品牌线下顾客体验与线上顾客购买意愿两者之间中介作用的理论模型。同时,在查阅大量文献基础上,挖掘实体零售自有品牌线下顾客体验对顾客线上自有品牌产品购买意愿作用关系的调节因素,并借鉴国内外成熟量表构思本书所涉及的前因变量、结果变量、中介变量、调节变量等各变量的测量工具。

(2)案例研究法。本书以保健美容零售屈臣氏、零售连锁永辉超市和中药老字号张仲景大药房为典型案例,通过走进线下实体店实地观摩的方式,感受案例企业实体零售的自有品牌产品、店面装潢设计、店内环境、智能化设备、员工服务等方面的整体购物体验,收集大量客观的、丰富的原始资料,为研究国内实体零售自有品牌产品顾客购物体验积累了大量感性素材,为本书相关研究的顺利推进奠定了基础。

(3)深度访谈法。深度访谈法,又称为深层次访谈法、非结构访谈、自由访谈,是质性研究中常用的一种搜集资料的方法。它是指访问者与被访者之间通过一种直接的、无结构式的、开放性的方式就某一专题所开展的一对一、面对面的交谈。本书通过与保健美容零售屈臣氏多名导购员和市场主管、零售连锁企业永辉超市市场经理进行一对一深度访谈,了解实体店自有品牌经营管理、销售占比、产品占比、战略布局、存在问题等客观情况,掌握本土实体零售自有品牌发展概况。在此基础上,综合考虑本书的实际情境,进一步斟酌、完善因变量自有品牌线上顾客购买意愿、自变量实体零售自有品牌线下顾客体验、中介变量品牌信任、调节变量品牌熟悉度、调节变量在线评价等各变量测项和各潜变量题项。

(4)问卷调查法。为确保问卷的信度和效度,在正式实施问卷调查之前,本书对样板企业优衣库、永辉超市和屈臣氏进行了小范围的预调查。预调查共收集问卷113份,问卷结构、信效度良好,问卷题项描述进一步修改完善。本书正式调查采用线上和线下两种问卷调查方式。线下问卷调查由在校研究生携带测试后的调查问卷到样板企业——保健美容零售屈臣氏、零售连锁永辉超市、中药老字号张仲景大药房和家电零售苏宁易购店内进行拦截式访问,有针对性地对曾经有过实体店自有品牌产品购买经历的顾客进行有关线下购物体验和线上购买意愿等相关信息的收集。与此同时,借助问卷星平台设计电子问卷,依托微信、朋友圈、QQ 和电子邮箱等网络渠道发放电子问卷,通过设置甄别题目,过滤掉从未有过线下实体店自有品牌商品购买经历的被调查者,筛选被访问者,尽可能提高调查数据的有效性、代表性,正式访问共收集问卷 300 份,其中有效问卷 270 份,为实证分析提供了较为丰富的一手数据。

(5)统计分析法。本书采用 SPSS 25.0 版本和 Process V3.3 插件对回收的 270 份有效问卷信息进行分析处理,并利用 AMOS 24.0 版本软件,建立结构方程模型,完成五项验证内容:①分别测量品牌信任、自有品牌线上购买意愿、自有品牌线下体验、自有品牌熟悉度和在线评价等变量量表的结构、信度和效度,同时测量各变量之间的相关性,进行回归分析;②检验实体零售自有品牌线下顾客体验对顾客自有品牌产品线上购买意愿的作用关系;③验证品牌信任在实体零售自有品牌线下顾客体验与线上顾客购买意愿间的中介作用理论模型;④验证自有品牌熟悉度在实体零售自有品牌线下顾客体验对品牌信任影响关系中的调节作用;⑤验证在线评论在品牌信任对自有品牌线上顾客购买意愿影响关系中的调节作用。

(6)归纳演绎法。在实证分析的基础上,归纳并提炼本书的研究结论和主要观点,并结合数字化营销背景和双线融合的发展大趋势,为我国国内各行业实体零售自有品牌的线上线下融合发展提供具体的、可行的管理思路,助力我国本土实体零售自有品牌的高质量发展。

1.4　研究内容与研究框架

1.4.1　研究内容

本书的研究对象主要包括老字号品牌在内的传统实体零售自有品牌。本书聚焦探讨实体零售自有品牌顾客线下体验与顾客线上自有品牌购买意愿之间的影响机制,为实体零售自有品牌高质量发展提供策略或建议,具体研究内容:①检验实体零售自有品牌线下顾客体验与自有品牌产品顾客线上购买意愿之间的关系;②探讨品牌信任在实体零售店自有品牌线下顾客体验与自有品牌产品线上顾客购买意愿之间的中介效用;③阐明自有品牌熟悉度在实体零售自有品牌线下顾客体验对品牌信任影响中的调节效应,同时探讨在线评论在品牌信任对线上顾客自有品牌产品购买意愿影响中的调节效应;④构建实体零售店自有品牌线下线上融合理论模型。

1.4.2　研究框架

本书研究总体框架主要包括以下几个方面。

(1)变量自有品牌线下体验与变量线上购买意愿之间的作用关系。本部分首先通过查阅相关文献研究厘清实体零售自有品牌线下顾客体验对线上顾客购买意愿的作用关系。随着体验营销时代的到来,消费者不仅在意产品和价格,更加注重包括人员服务、产品价值、店铺环境等购物体验。企业往往通过为顾客提供良好购物体验而获得顾客的满意度和忠诚度(李静,2020)。积极体验能够产生积极购买意图(Yoo 和 Lee,2012)和购买意愿。随着互联网技术的发展与普及,顾客网络购物习惯已逐渐形成,消费方式在线上和线下之间进行自由切换(Thomas,2005)。本书借鉴 Terblanche(2006)成熟的 ISE 模型,通过实体零售店铺实地调查,与自有品牌高管、导购人员和顾客进行深度访谈,提炼出产品体验、服务体验和智能化体验三个测量维度,并构建实体零售自有品牌产品线下顾客体验测量量表。同时,本书借鉴 Zeithaml(1988)、Dodds(1991)和 Grewal 等(1998)的成熟量表,结合深度访谈结果,从可能、考虑、想要购买三个维度设计顾客自有品牌产品线上购买意愿变量测量量表。本部分还将继续采用大规模问卷调查收集两个变量数据,并进行实证分析、检验。

(2)变量品牌信任在变量自有品牌线下体验与变量线上购买意愿之间的中介效应。本部分通过文献研究、问卷调查法,探讨品牌信任在实体零售自有品牌线下体验与线上顾客购买意愿之间的作用关系。本部分的重要任务之一是设计品牌信任测量工具。体验是个体的亲身实践和经历,也常被称为"体会"。体验是一种顾客心理感受,具有一定的主观性,在一定程度上会强化顾客的品牌认知,满意的顾客体验会转化为品牌信任(童利忠,2014)。根据认知结构迁移理论,顾客实体零售店内愉快的自有品牌购物体验所形成的品牌信任会转化为对线上自有品牌的信任,品牌信任通过线下有效传导至线上,进而影响、强化自有品牌产品顾客线上购买意愿;Howard的消费者决策模型也认为消费者对品牌信任会最终影响消费者的行为决策。因此,品牌信任在实体零售店自有品牌线下顾客体验对自有品牌线上顾客购买意愿作用关系中发挥中介效用,这种推理在理论上是符合逻辑的。本书借鉴 Delgado-Ballester 等(2003)二维量表从品牌可靠性和品牌意愿两方面设计品牌信任变量测量量表。本部分将依托大量数据,探索变量之间的关系,并进行实证分析、检验。

(3)变量自有品牌熟悉度和变量在线评论分别在自有品牌线下体验对品牌信任的影响作用中、品牌信任对自有品牌线上购买意愿影响作用中的调节效应。本部分通过案例研究、文献研究,依次厘清顾客线下体验对自有品牌信任的影响作用中的调节因素和调节变量,以及品牌信任对自有品牌线上顾客购买意愿作用关系中的调节因素和调节变量,并通过问卷调查收集数据进行实证检验。购买意愿会受顾客个人认知、社会文化、店铺内外环境、员工服务质量、自有品牌知名度、社会群体等一系列主客观因素的影响。顾客的品牌信任在由线下转移到线上的过程中,会遇到一系列干扰因素,比如在线评论网页布局、品类特征等(Batra,2000;Sayman,2004;单娟,2016)。现有文献指出,针对不同类型自有品牌商品,顾客线上购买意愿是不同的,即易耗品价格越低,购买风险越低,顾客在线评价越高,则顾客线上购买意愿越强烈;相反,耐用品价格越高,购买风险越大,顾客在线评价越差,则顾客线上购买意愿越低。本部分将主要通过案例研究、深度访谈厘清自有品牌熟悉度、在线评论两个调节因素及其调节作用,并利用问卷调查获取的数据进行实证检验。

1.5　研究的关键点和创新之处

1.5.1　研究的关键点

（1）设计测量工具。测量工具设计与开发是本书研究的关键点。本书将通过文献研究、深度访谈等方法，设计实体零售自有品牌线下顾客体验变量量表、品牌信任变量量表、自有品牌线上顾客购买意愿变量量表、品牌熟悉度变量量表和在线评论变量量表。

（2）实体零售自有品牌线下顾客体验对自有品牌线上顾客购买意愿的作用关系。这是本书理论模型的基础。本书将借鉴经过测试的成熟量表，通过实地调查与大规模网络调查，收集自有品牌线下顾客体验变量、线上顾客购买意愿变量数据并进行实证分析。

（3）品牌信任对实体零售店自有品牌线下顾客体验与自有品牌线上顾客购买意愿的中介效用。这是本书研究的核心内容，也是理论模型的关键内容。本书将借鉴测试效果较佳的量表收集数据，探讨品牌信任在自有品牌线下顾客体验与线上顾客购买意愿之间的中介作用，探索自变量与因变量之间的影响路径。

（4）自有品牌线下顾客体验对自有品牌信任作用关系的调节因素、品牌信任对自有品牌线上顾客购买意愿作用关系的调节因素。这是本书研究的重要拓展和延伸。本书通过文献梳理，从理论角度将自有品牌熟悉度、在线评论两个变量作为本书理论模型的调节因素，充实理论模型，并进行实证检验。

1.5.2　可能的创新之处

（1）研究视角具有一定创新性。现有有限的自有品牌研究成果多从线上或线下单一视角展开研究，同时从线上与线下两个维度思考零售自有品牌产品顾客购买意愿和购买行为的研究较为有限。本书基于体验营销理论、顾客购买意愿理论和认知结构迁移理论,从线上线下融合角度,探讨实体零售自有品牌线下顾客体验对线上顾客购买意愿的作用关系,研究视角具有一定创新性。

(2)探索自有品牌线下顾客体验对线上顾客购买意愿的影响机制。以往关于自有品牌的研究主要集中于策略、战略宏观的定性研究和消费行为影响的研究,有限的线上和线下自有品牌的研究成果更多侧重对零供竞争机制的研究。本书将自有品牌线下顾客体验作为前因变量,品牌信任作为中介变量,线上顾客购买意愿作为结果变量,自有品牌熟悉度和在线评论作为调节变量构建了模型,揭示实体零售自有品牌产品线下顾客体验引流顾客线上购买的机制和中介路径,验证品牌信任变量的中介作用、自有品牌熟悉度和在线评论的调节作用,研究内容具有创新性。该模型的建立有助于全面理解实体零售自有品牌线下顾客体验构成要素,不仅丰富当前有关自有品牌顾客体验的研究,也可为后来学者探究实体零售自有品牌线上线下融合发展提供思考方向。

(3)学术观点具有一定创新性。传统顾客体验研究认为,实体零售顾客体验能够提升顾客实体店购买意愿,继而提升实体店铺顾客满意度和忠诚度,聚焦顾客线下购买行为研究。本书基于顾客购买意愿理论和认知结构迁移理论提出,互联网时代和新零售背景下实体零售自有品牌商可以通过线下实体店的优质顾客体验,将顾客引流至线上,推进实体零售自有品牌双线融合模式发展,在学术观点上具有一定创新性。

(4)重新验证了在线评论的调节作用。以往有关在线评论、顾客购买意愿研究大多将在线评论作为前因变量、顾客购买意愿作为结果变量,并且聚焦于在线评论对顾客购买意愿的积极的正向作用关系。本书将在线评论设置为调节变量进行研究,发现在线评论数量、在线评论质量和在线评论的呈现形式负向调节品牌信任对顾客在线购买意愿的影响,即当在线评论数量或在线评论质量或在线评论的呈现形式处于较高水平时,都将会削弱品牌信任对顾客自有品牌在线购买意愿的影响。

2

理论基础与文献综述

2.1　理论基础

2.1.1　顾客体验理论

1970 年 Toffler 在其著作《未来的冲击》一书中率先提出"体验"这一经济术语。阿尔温·托夫勒指出体验是商品与服务心理化的可交换物,体验经济将成为继制造经济和服务经济之后又一种新兴经济形态(孟广均、吴宣豪等,1985)。体验作为一种经济提供物受企业的密切关注。随着应用领域的拓展,体验逐渐被广泛引入管理学领域。20 世纪 80 年代,Holbrook 和 Hirschman(1982)提出"顾客体验"一词,打破传统营销认知,认为消费者购买行为是个体消费过程中理性和感性共同作用的结果。Schmitt(1999)则从心理学理论视角分析顾客的购买行为,将体验和营销相结合,首次创新提出"体验营销"词汇,对体验营销理论发展做出突出贡献,被学术界尊为"体验营销之父"。

依据顾客参与主动性程度,Pinell 和 Gilmore(1998)将顾客体验分为娱乐、教育、逃避和审美四种形式;根据大脑组成的不同功能,Schmitt(1999)系统地将顾客体验分为感官体验、情感体验、思维体验、行动体验和关联体验五种形式。其中感官体验是通过视觉、嗅觉、触觉、听觉等感官的刺激,引起顾客思维反应,进而引发消费者购买动机和购买意愿,它是一种对顾客最为直接的刺激,往往能够给顾客留下深刻的印象和记忆。情感体验指通过激发个体内心情感,产生心灵上和情感上的共鸣,使其完全沉浸在消费场景中。思维体验指激发消费者的好奇心、兴趣感和求知欲,引发消费者进行积极主动思考,促使顾客产生发散性思维或收敛性思维的体会。行动体验是指消费者在与服务性组织积极互动的过程中感受不同的生活方式和身体体验,从中获取愉悦和欣喜。关联体验涉及上述感官、行动、情感和思考四个层面,主要指激发消费者产生与理想自我、他人和社会系统相关联的联想,获得社会认同感。

2.1.2　顾客购买意愿理论

顾客的购买行为是一个复杂的过程,受顾客购买意愿影响(Bitner, 1992)。Hull(1943)认为人类复杂的行为可分解为刺激和反应两个部分,外在环境的刺激会引发个体一系列的连锁反应,并建立"刺激—反应"模型(Stimulate-Response Theory,S-R 模型),即著名的黑箱理论。随着新行为主义者的兴起,20 世纪 50 年代,学者们对"刺激—反应"模型进行进一步修正、完善和拓展。其中比较有代表的是 Bell(1975)提出的"刺激—个体生理、心理—反应"模型(Stimulate-Organism-Response Theory,即 S-O-R 模型),其中 S(Stimulate)表示来自外部环境的刺激,O(Organism)表示内在作用机制,R(Response)表示个体外显的动作或行为。该理论强调内在机制在外部刺激和个体行为之间的中介桥梁作用及其对个体生理、心理和行为的影响。Bitner(1992)从心理学角度详细论证了该理论模型。20 世纪 80—90 年代,国外学者逐渐将 S-O-R 模型运用在顾客购买活动中。其中代表性人物及观点有:Donovan 和 Rossiter(1982)用实证研究法检验了情绪是一个重要的中介变量,良好的环境会引发顾客愉悦的情绪和较长时间的逗留,对顾客购买意愿和购买行为产生积极影响;Donovan 首次将 S-O-R 模型应用于店铺环境管理,他指出门店环境布置会引发消费者"愉悦—唤醒—控制"的基本情感状态,即顾客购买有意愿;Baker(1987)也认为背景要素、设计要素和社交要素等店铺环境因素能够很大程度影响顾客的情感,增加购买意愿和购买行为；Bitner(1992)则从构成店铺环境的氛围因素、空间陈列和功能性要素、标志牌和环境内部设计及装饰要素等三要素，基于心理学角度证实了顾客在接收来自外部刺激后会产生认知、情感、身体等一系列反应，此类反应会直接影响顾客最终是否产生购买行为。

2.1.3　品牌信任理论

信任是创建人际关系的起点(王晓霞等,2000)和维系人际关系的关键。一个品牌就如同一个人一样(Fournier,1998)，信任是衡量品牌与个体之间关系质量的重要指标(何佳讯,2008)。社会学、心理学、管理学和营销学等领域的多数学者普遍认为信任是品牌与顾客之间高质量关系的关键特征。

学者 Howard 和 Sheth 在 1969 年率先提出品牌信任概念,他们认为品牌信任度与顾客购买意向呈正相关关系,品牌信任度是影响顾客购买意向的决定因素之一。Bennett 和 Harrell(1975)也认为品牌信任度在预测顾客购买意向、影响顾客购买行为的过程中发挥着重要作用。品牌信任理论是消费行为研究领域解释消费者购买意向和购买行为的一个重要理论之一。品牌信任认知论认为,品牌信任是消费者基于不确定条件,通过风险感知和风险预测而产生品牌信赖感的一种认知过程和认知结果(Dick 和 Basu,1994)。品牌信任情感论则认为,品牌信任聚焦顾客与品牌的良好关系,两者之间的情感互动能强化顾客对品牌的好感和认同(Elliot 和 Wattanasuwan,1998)。管理学、营销学领域学者普遍将品牌信任定义为"在面临风险的不确定情景下顾客对品牌可靠性和品牌行为意向的信心期望"(Elena Delgado-Ballester、Jose Luis Munuera-Alemán 等,2003)。该定义指出品牌信任包括品牌未来绩效承诺和维护顾客利益两层内容,强调品牌信任的功能承诺、可靠性、善意、利他、忠诚等特征,进一步凸显了品牌信任的情感本质。国内学者袁登华(2007)在对品牌信任研究脉络梳理的基础上明确指出,品牌信任包括顾客对品牌的品质信任、能力信任和善意信任三方面。

关于品牌信任衡量的研究中存在"一维""二维""三维"三种思想。Fournier(1994)在借鉴 Larzelere 和 Huston(1980)、Morgan 和 Hunt(1994)研究基础上将品牌信任作为单个维度应用品牌与顾客关系的研究,测量顾客对品牌的信赖程度。二维思想从品牌可靠度和品牌意图两个维度衡量品牌信任（Elena Delgado-Ballester，2003），认为产品的物理性能和功能性能是评价品牌可靠度的关键要点，而信念、意旨、善意、利他、特性则是评估品牌意图的关键要点。三维思想则从可靠性、竞争性和利他性三个方面衡量品牌信任（Hess，1995；Theng Lau，1999；Patricia Gurviez，2003），其中可靠性注重品牌在产品质量和功能上满足顾客期望的程度；竞争性即顾客心目中品牌与其他同类相比具有竞争优势；利他性突出品牌的顾客利益导向，注重顾客的持续利益。

2.1.4　迁移理论

迁移理论（Transport Theory）也被称为学习迁移理论，属于心理学、教育学领域的专业术语，是指一个人在一种情境中的学习影响他在其他情境中的学习。通常，学习迁移可分为正迁移和负迁移两种。凡是一种学习强化、促进另一种学习的迁移，属于正迁移；相反，凡是一种学习削减、弱化另一种学习的迁移，则被称为负迁移。

传统的迁移理论主要有形式训练说、桑代克的共同因素说、贾德的概括化理论、科勒的关系理论。其中共同因素说在20世纪初由美国心理学家桑代克和伍德沃思率先提出。该理论认为学习就是形成一种情境与反应的联结，学习迁移，就是相同联结的迁移。当两种学习中存在着共同要素的联结时，一种学习上的进步才能转移到另一种学习上去，而且相同要素越多，学习迁移量就越大，相同要素越少，学习迁移量就越少。

奥苏贝尔在1963年提出认知结构迁移理论。该理论核心观点是有意义的学习和认知结构同化论，指出一切有意义的学习都是在原有认知的基础上产生的，不受原有认知结构影响的有意义学习是不存在的。一切有意义的学习必然包括迁移，迁移是以认知结构为中介进行的，先前学习所获得的新经验，通过影响原有认知结构的有关特征影响新学习。本书在品牌信任中介作用、自有品牌信任从线下正向迁移到线上的分析中，主要以桑代克和伍德沃思的共同因素说和奥苏贝尔的认知结构迁移理论为研究基础。

2.1.5　新零售之轮理论

新零售之轮理论,又称新零售之圈理论。1996 年,日本学者中西正雄在著作《零售之圈真的在转吗?》中首次提出"新零售之圈"观点,正面论证了传统的"零售之轮"和"真空地带",引发学者们的关注和热议。该理论认为,物流、管理等方面的革新力度直接影响着新业态的竞争优势,"真空地带"形成不是必然的;技术革新是新业态变化的原动力,并推动技术边界的移动,通过突破原有技术边界线的技术革新,提高新业态的竞争力。该理论从全新视角剖析零售业态的发展趋势和变化规律,为当前互联网背景下零售业态的科学选择提供了理论依据,具有较强的实践价值,具体表现在:①新社会环境下,为零售业态的变革指明了实践方向;②零售业态的变革一定要与所在地区经济、技术发展水平保持高度一致;③零售业态之间的竞争已不再仅仅局限于低价格低服务竞争之上,而必须基于技术层面的革新与突破以获取竞争优势。随着互联网、云技术、大数据等新技术的推广和普及,我国零售业空前繁荣,零售业态形式日趋多样化、新颖化,花样繁多。线上零售已成为零售业发展的大趋势,涌现出一系列形式多样的线上新零售业态,比如官网直销、平台直销专卖或代理、网红直播带货、自媒体代理等。零售业正逐渐从纯线下实体零售模式向线下实体体验—线上虚拟网店融合的新型零售模式转变。

2.2　自有品牌概念相关研究

2.2.1　品牌概念

"品牌"一词的起源有两个版本的故事,一个是来自西班牙的牛市场交易,另一个是来自欧洲的骑士传统。无论是烫在牛身上的"烙印",还是象征骑士精神的"盾牌",都共同诠释着品牌的本质,即识别和溢价。品牌是一种识别标志,也是一种精神象征,更是一种价值理念,它是卓越品质的核心体现。菲利普·科特勒认为品牌在本质上代表着卖者对交付给买者的产品特征、利益和服务的一贯性承诺。品牌分为狭义概念和广义概念。狭义概念的品牌是指消费者所购买的产品品质、享受服务的质量和售后保障(阮梦洁,2020)。广义视角下的概念则认为品牌还应包含品牌背后的企业愿景、经营理念和经营行为,将企业文化纳入品牌范畴,进一步拓展和丰富了品牌的内涵。

2.2.2　自有品牌概念

自有品牌,也常被称为零售商品牌,英文表示为 Private Label(PL)或 Private Brand(PB)或 Own Brand(OB)或 Store Brand(SB)。Schure(1969)首次对自有品牌的概念进行系统诠释。自有品牌是零售商自己所拥有的品牌,零售商拥有品牌的商标权、所有权和使用权(张婷,2021)。国内外学术界关于自有品牌概念的阐释尚未达成共识。学者们主要从战略思维、自有产品发展、知识产权保护、渠道控制、生产流程、业务类型等多个角度界定自有品牌的概念。比较有代表性的观点如下。

渠道控制论认为,自有品牌是零售商所有并决定在特定场所出售的品牌(Schure,1969)。在前人研究成果的基础上,Kotler(1996)再次验证自有品牌的所有权属于零售商,并对自有品牌的销售渠道进行界定。

美国市场营销学会(American Marketing Association)分别从产品发展和销售两方面界定自有品牌定义。第一,从产品发展角度看,自有品牌归属产品销售者所拥有,自有产品由生产商负责生产,只有在极少数情况下,零售商同时也是生产者,自有品牌产品发展与零售商发展状况休戚相关,它与广告品牌、制造商品牌或国家品牌相对应;第二,从零售角度看,自有品牌是由零售企业而非制造企业拥有的、附着或应用于一种产品营销过程的商标名称或品牌名称。

美国自有品牌制造商协会(Private Label Manufacturers Association)从产销控制权和品牌使用的角度出发,指出自有品牌归零售商所有且产品的生产、销售完全由零售商掌握的产品,产品的名称可以直接沿用零售商的名称,也可以由零售商自行创造。自有品牌是零售商指定公司内部渠道成员拥有、策划并研发的品牌。Russel 和 White(1970)也从品牌使用和渠道控制权角度分析,指出自有品牌是那些沿用零售商的品牌名称且只在零售商渠道进行销售的产品。此观点在学术界得到了普遍认可(孙永波、武博扬,2018)。

Ghost(1990)认为自有品牌主要是依靠制造商代为生产制造、冠以零售商所指定的名字,最后单独在零售店自有渠道进行销售的品牌。进一步拓展自有品牌概念,自有品牌不仅可以由零售商自主生产,也可以委托或授权成熟的生产商代工。

孙成旺(1998)则从自有品牌生产流程的角度界定零售商自有品牌,认为零售商在零售终端对消费者的消费偏好和产品需求进行精准分析,进而开发能够满足消费者需求的概念产品;选择合适的制造商代为制造该产品;并冠以零售商所指定的名字,单独在零售店自有渠道进行销售的品牌。

Bronnenberg 等人(2007)从业务类型角度分析零售自有品牌概念,认为零售商的主营业务是渠道功能和商品销售,生产及设计商品属于它的非主营业务,零售商通过非主营业务进行生产及设计的品牌就是自有品牌。

马晓瑄(2006)、陈亮和唐成伟(2011)、孙永波和武博扬(2018)等从企业战略角度出发,指出自有品牌是企业获取差异化竞争优势的一种战略选择,它是零售企业通过收集、整理、分析消费者对某类商品的需求特性的信息,提出新产品功能、价格、造型等方面的开发设计要求,进一步选择合适的生产企业进行开发生产,最终由零售企业使用自己的商标对新产品注册并在本企业内销售的一系列企业战略管理行为。

朱瑞庭(2009)、刘佳(2016)等从广义视角,认为自有品牌就是零售商品牌,是零售企业在商业竞争环境下创立的,得到社会认可和接受,同时受法律保护,能够产生巨大效益的产品品牌。

杨娜(2013)从渠道控制角度理解自有品牌内涵,认为自有品牌的概念不局限于是零售商生产的还是委托他人生产的,只要是在产品上贴上零售商自己的商标和标识并在自己的零售商店或自己控制的场所销售的品牌就是自有品牌。

张婷(2021)则从生产流程和渠道控制综合角度诠释自有品牌概念,认为自有品牌是零售商通过委托或自己独立设计和生产,并贴上自己的商标和标识,最终供自己的零售商店或其他控制的渠道销售和分销的品牌。

通过对学者们观点的梳理和思考,本书认为自有品牌即零售企业依托品牌知名度、强大的分销能力、成熟的分销策略和对顾客需求的精准洞悉,自行研发产品、设计概念产品、独立生产或委托其他制造商生产,并冠以本零售商原有品牌或创立新品牌,且只摆放在自己店铺内或零售商控制的分销渠道中、自行开展推广和销售活动的一种品牌战略。

2.2.3　有关自有品牌发展的研究

当前零售业竞争加剧,尤其是实体零售业。实体零售自有品牌发展问题逐渐成为学术界讨论的热点话题。国内外学者主要从制造商、消费者和零售商三个方面展开自有品牌的研究(周燕,2012),讨论聚焦在零制融合、零售商自有品牌发展模式、消费者自有品牌购买意愿等话题。

互联网经济发展背景下,电子商务得以蓬勃发展,给自有品牌的发展创造了机会和优势,刘存祥(2012)探讨了电商环境下零售自有品牌普遍采用的综合型 B2C、垂直型、传统厂家依托电子商务型三种发展模式。我国大型零售企业自有产品开发共经历过独家开发、联合开发、渠道开发、生产开发四种经营模式,我国自有品牌发展已从1.0 时代进入 2.0 时代,致力于"提升自有产品品质、直连顾客需求、打造品牌",逐渐向定制化、市场细分化、双线融合化、系统化方向持续发展(王玉兰,2021)。

2.3　自有品牌线下顾客体验研究概述

2.3.1　顾客体验

体验一词应用范围广泛,研究者曾尝试从哲学、宗教、心理学、管理学等多学科角度阐释其内涵和外延。John Dewey(1922,1925)从哲学视角透视体验,他认为体验是个体与其所处环境交织在一起而形成的产物。Maslow(1968)从社会心理学角度展开分析,认为体验是最快乐和最满足的时刻,它是一种主观的、内在的整体感受(Marike Venter de Villiers,2018)。Toffler(1983)等从经济学视角界定"体验",认为"体验"同其他商品一样,也是有价值的,可以交换的。随着体验经济时代的到来,"体验"逐渐进入营销学研究领域。1982年,Holbrook和Hirschman首次把体验引入消费者行为研究领域。1999年,Schmitt在《体验营销》中详细诠释"体验"内涵,明确提出"体验"是"个体受到刺激后所做出反应的个别化感受,是通过对事件的直接观察或参与产生的结果,是人们内在个性化的感觉",该观点为本书的研究做出了突出贡献,影响极其深远,至今仍被权威期刊论文反复引用。

由于学者们研究背景和思考视角不同,有关顾客体验概念及组成成分在学术界尚未达成共识,主流观点有二元论、战略体验模块论、心流体验论、体验双因素论等。以 Toffler(1970)、Mano 和 Oliver(1993)、Pinell 和 James H. Gilmore(1998)为代表的学者们提倡二元论,从经济学视角阐释,认为顾客体验是一种经济提供物,并简单地从直接体验和间接体验两个方面进行衡量。以 Holbrook(1982)、Schmitt(1999)为代表的学者主张战略体验模块论,从管理学视角出发,认为顾客体验是顾客对企业一系列管理活动所产生的反应和心理感受,感官体验、情感体验、思维体验、行动体验和关联体验共同构成了顾客体验。以 Csikszentmihalyi(1977)、Lofman(1991)等为代表的学者们提出心流体验论,从心理学视角提出"流"体验概念,认为它是个体完全投入某种活动之中的整体感知和感受,包括沉浸于某种活动程度和获得愉悦感两部分。以 Pinell 和 Gilmore(1998)等为代表的学者们提倡体验双因素论,指出用户体验的两大影响因素有用户参与类型(主动参与还是被动参与)和环境—顾客联系类型(吸引式联系还是沉浸式联系),并据此从娱乐体验、教育体验、审美体验和遁世体验四个角度分析用户体验(李淑燕,2016)。闫幸、吴锦峰(2021)以盲盒为例,将顾客体验分为审美体验、象征消费、社交体验和不可预知性四个组成部分。

2.3.2　有关线下顾客体验的研究

通常情况下,积极体验会产生积极购买意图(Yoo 和 Lee,2012)。顾客体验在重构企业与顾客关系、激发顾客购买行为中发挥重要作用(李静,2020)。Fitzell(1992)对美国几家不同档次的零售商进行调查研究,发现商店购物环境、员工服务水平会影响消费者对自有品牌的评价和态度,进而影响顾客体验。对于实体零售来说,店铺的装修布局等物理环境(Donovan 和 Rossiter,1982;Erdem 和 Darden,1983;Ridgway,Dawson 和 Bloch,1989)、人际互动(Parasuraman,Zeithaml 和 Berry,1988)、商品质量(Dabholkar et al.,1994;Sirohi,Mclaughlin 和 Wittink,1998)、商品价格(Anderson,Fornell 和 Lehmann,1994;Hallowell,1996)、商品组合(Davidson,Sweeney 和 Stampfl,1988:141)和店铺服务(Westbrook,1981;Mazursky 和 Jacoby,1985;Dickson 和 MacLachlan,1990)等六个因素互相作用,在一定程度上影响着零售商店中消费者的购物体验,进而影响消费者的态度和行为。

有关顾客体验测量维度研究一直是学界研究热点。Schmitt(1999)从战略管理的视角构建"感官、情感、思考、关联及行为体验"五位一体顾客体验模型。布拉库斯(Brakus,2009)等在零售店购物情境中开发并检验了顾客体验量表,该量表中将线下顾客体验分为感官体验、情感体验、认知体验和行为体验。感官体验是品牌提供的视觉、听觉、嗅觉、味觉和触觉刺激;情感体验重在体现购物场景给顾客内心带来的情感刺激;认知体验是店铺场景与布置带给个体的一种认知刺激;行为体验是指店铺内品牌所激发的个体行为。在借鉴业界学者 Dabholkar 等(1996)和 Vásquez 等(2001)研究的基础上,Terblanche 和 Boshoff(2004)采用焦点访谈法和严格的量表开发程序对来自五个零售行业 31 家零售商场、超市、商店11 000 名受访者的测试,构建了零售店铺内顾客体验(In-store Shopping Experience)五维度模型,即 ISE 模型,该模型从人员促销、商品价值、店内环境、商品组合和顾客投诉处理五个维度衡量顾客在实体零售店的购物体验,该模型在国内外零售商店顾客体验研究和实践中得到广泛应用。梳理相关外文文献研究发现,顾客体验视角的零售店铺形象主要体现在商品关联维度、服务关联维度和购物愉悦维度三方面(Mazursky 和 Jacoby,1985)。

随着体验经济时代的到来,体验营销兴起,国内学者研究也逐渐聚焦顾客体验衡量指标。张红明(2003)基于心理学角度构建顾客体验"情感、感官和成就"三维模型。周兆晴(2004)基于中国情境下的体验营销,将顾客体验分为文化体验、文娱体验、感官体验三个衡量维度。范秀成、李建州(2006)则以餐饮行业为例,构建"功能、情感和社会"三维模型并进行实证分析。郭俊晖(2018)借助问卷调查法,以中日连锁便利店为调查对象,通过实证研究进行对比分析,系统梳理顾客体验与顾客光顾意愿之间的内在联系,指出商品摆放、店铺装饰和店内布局会影响到顾客整体购物体验,并提出功能体验(物质需求在购物中的满足程度)和享乐体验(精神需求在购物中的满足程度)是测量顾客线下购物体验两大代表性指标。齐永志(2019)对顾客体验提出独到的见解,认为应以产品体验、服务体验为中心,以情感体验和文化体验为纽带,塑造独特购物情境。闫幸、吴锦峰(2021)结合前人的研究成果,从审美体验、象征消费、社交体验、不可预知性四个方面测量盲盒的顾客体验,并探讨其对消费者重复购买意愿的影响机制。由此可见,基于研究对象、研究行业的不同,当前零售业线下顾客体验维度研究中存在一定区分度。

国内外学者从不同角度阐释顾客体验概念,揭示了顾客体验本质是顾客的心理感受,这种感觉不完全是基于对产品的基本需求,而应更多地涵盖顾客在消费全过程中对产品和服务的整体感知和评价。本书将线下顾客体验定义为顾客在实体零售店内,与产品、服务、环境、情景之间交互过程中形成的,感性和理性结合的情绪、认知和综合评价。

2.3.3　自有品牌线下顾客体验

通过中国知网检索关键词和主题"自有品牌"和"顾客体验",结果发现,当前自有品牌线下顾客体验方面的研究成果较少。这表明基于顾客体验的实体零售自有品牌研究较为有限。通过模糊检索发现,随着新零售崛起,学者们对零售店自有品牌顾客体验研究逐渐聚焦于线上线下融合的全渠道视角。薛龙彬(2016)通过实证研究发现,标识牌提示、陈列位置(店铺情境)在感知质量、感知价格和品牌敏感度对消费者自有品牌的购买意愿影响中发挥着正向调节作用。王勇、李文静（2016）以服装业自有品牌样板零售商优衣库为例，从全渠道营销视角研究线下购物对线上购买的影响，认为线下服务质量显著影响顾客对服装的线上购买意愿，进而引发线上购买行为。郭韶风（2021）以国内外成功开发自有品牌的知名零售商如沃尔玛、家乐福、永辉、华润万家等为例，也从全渠道视角探索顾客体验对重购意愿的影响机理，并验证关系质量的中介效应和转换成本的调节效应。基于前文顾客体验的概念和本书实际情况，本书将自有品牌线下顾客体验定义为：顾客在实施自有品牌战略的实体零售店内，与自有产品、员工服务、购物环境、特定情景、智能化技术之间交互过程中所形成的，感性和理性相结合的情绪、认知和综合评价。

　　基于前文对顾客体验构成维度文献的梳理，考虑零售行业适应性、理论的权威性和衡量维度的全面性，本书有关零售自有品牌线下顾客体验维度选择主要参考 Terblanche、Boshoff（2004）的 ISE 模型。结合具体研究情境和实体零售自有品牌发展的实际情况，本书在借鉴前人相关成果的基础上尝试创新划分维度。首先，购物环境维度划分过于宏观，可进一步细分维度。阅读文献发现，越来越多的学者将情境因素作为主要变量，纳入对消费者行为的解释研究中，Belk 与符国群（2000）认为情景变量解释了消费者行为18.7%的变异量；也有学者认为高达40%的消费行为变异可归因于情境因素（Lutz R., Kakkar P., 1974；代祺、周庭锐、胡培，2007）。由此可见，情境已成为研究消费行为影响因素不可忽视的关键内容。因此，本书会考虑将情境因素纳入实体店购物环境体验的范畴。根据环境稳定程度可以将零售店内购物环境分为店铺环境和独特情境。店铺环境主要指门店装修、店铺卫生状况、整体布局等相对稳定的、不易发生变化的购物环境。情境是指消费者的消费或购买活动发生时个体所面临的短暂的氛围因素，如购物场所温度、购物场所的人流拥挤程度、标识牌提示、促销布置以及消费者的情绪等（李华敏、崔瑜琴，2010），它具有偶发性、即时性和短暂性等特征。其次，数字经济和体验经济时代背景下，企业数字化变革步伐加快，人们生活趋于智能化，顾客对消费过程中的技术诉求更高。人们追求"新智慧"、自主性、自助性、便利性、时尚性的消费潮流,重视场景化的购物氛围,因此实体零售店内智能化水平成为影响顾客线下购物体验的关键因素之一。基于此,本书从自有产品体验(Self-owned Product Experience)、员工服务体验(Employee Service Experience)和智能购物体验(Intelligent Shopping Experience)三个维度研究零售自有品牌线下顾客体验。

2.4　自有品牌线上顾客购买意愿研究概述

顾客购买意愿是消费者行为领域研究的重要内容。通过中国知网检索篇名含有"自有品牌"和"购买意愿",共检索出文献51条,其中硕士学位论文22篇、期刊论文28篇、会议论文1篇,研究成果数量非常有限。现有文献从包装作用、影响因素、决策机制与发展策略等多个角度对我国自有品牌消费者购买意愿进行定性和实证研究,其中主流研究仍聚焦于自有品牌消费者购买意愿影响因素(王青青,2011;杨德峰、李青,2012;李健生、赵星宇,2015;杨洋,2019;张婷,2021),只有极少数研究成果是对消费者自有品牌购买意愿文献进行梳理评述(刘泓、魏文斌、房师华,2011;宋蕾、张剑光,2018)。

2.4.1　有关购买意愿的研究

购买意愿是消费者对某一产品或服务的主观倾向(Fishbein,1975),被应用于消费者购买行为研究,预测消费者购买某种产品或服务的可能性(Hunter、Danes和Cohen,1984;Dodds,1991;童利忠、雷涛,2014),直接影响购买行为和双方交易能否顺利进行,因此,顾客购买意愿研究也成为零售自有品牌研究领域的热点话题。在研究顾客购买意愿和顾客态度的基础上,Spears和Singh(2004)认为顾客对品牌态度的好坏直接决定着购买意愿的大小。学者们对顾客购买意愿的定义看法不一,但大多数人都认为购买意愿具备主观性(消费者的一种个人主观倾向)(Dodds,1991)、前置性(它是消费者购买行为的前置因素)(Mullet,1992)、可能性(购买产品、服务或品牌的概率 Likelihood)(Spears和Singh,2004)三大特性。

经梳理文献发现,现有关于购买意愿研究主要集中在两个方面:①对顾客购买意愿影响因素研究,成果丰富,多采用实证方法。如 Kotler 认为他人态度和情境因素直接影响消费者购买意愿。Richardson(1996)则从人口统计因素、个体差异变量和特定类别感知三方面构建自有品牌的敏感性框架。单娟(2016)以线索利用理论为基础,对沃尔玛单一零售商进行研究,从零售商和品类特征两类线索构建模型。国内外学者普遍认为感知质量、产品知识、感知风险(Richardson,1996)、情景要素(Kollat,1987;陈铭慧,2002)和购物场景(Peak,1977;薛龙彬,2016)等因素都会影响消费者的购买意愿。②对购买意愿的测量维度研究,现有研究存在"二维""三维""四维"提法。代表性学者如GOODS(1991),他确定了顾客购买意愿可以从可能购买、确定会购买、不太可能购买、不会购买四维度测量;Zeithaml(1988)则选择了从可能、考虑、想要购买三维度测量顾客购买意愿。随着电商兴起,学者将研究视角从线下转移到线上。潘煜等(2010)则认为顾客购买意愿的测量应从"有需求会想起"和"愿意线上付款购买"两维度。孙永波等(2018)也认为可以从消费者和线上零售商两维度衡量顾客线上购买意愿。

2.4.2 有关自有品牌顾客购买意愿的研究

(1)国外有关自有品牌顾客购买意愿的研究。零售商自有品牌最早出现于 20 世纪五六十年代的英国,随后在西欧不断发展壮大,自有品牌产品市场份额快速增加(朱瑞庭,2004),有关自有品牌购买意愿的研究比较成熟,其中有关自有品牌购买意愿的内在机理和影响因素的实证研究成果较多。例如,Sarantidis P. (2012)对希腊杂货零售市场研究指出,顾客满意、顾客忠诚和顾客信任三个潜变量影响着顾客自有品牌购买意愿,并通过实证分析发现自有品牌信任程度正向影响自有品牌购买意愿;相反,顾客对店铺的忠诚和满意似乎并未对自有品牌购买意愿产生影响。Gómez – Suárez M、Quinones M. 和 Yagúe M. J. (2016)利用六国的跨国样本,实证分析验证自有品牌偏好是自有品牌态度与自有品牌购买意愿之间的中介变量,其中冲动对自有品牌购买意愿有显著的正向影响,建议在购买意愿阶段提升整体购物体验。

Agarwal P. K. 和 Gupta V. P. (2017)以德里大型零售商超为研究对象进行调查,发现感知价格、感知风险、感知质量、感知价值、门店品牌熟悉度和门店形象这六个自变量对印度自有品牌购买意愿有显著影响,其中商店形象的正向影响效果显著,商店品牌熟悉度和感知价值的正向影响效果次之,而感知风险和感知价格却负向影响着顾客的自有品牌产品购买意愿。Graciola A. P. , De Toni D. , Milan G. S. 和 Eberle L(2020)以巴西市场为例,聚焦店铺形象对顾客购买意愿的影响,以品牌意识和感知价值为中介变量,把调节变量店铺形式分为超级市场和迷你市场两种形式,探讨店铺形象与购买意愿之间关系的作用机理,实证结果表明店铺形象正向影响顾客购买意愿,中介效应显著,店铺形式在感知价值和购买意愿之间关系中存在调节作用。Ipek I. , Yilmaz C. (2021)以小食店为例,实证分析顾客自有品牌购买意愿的差异化影响因素,发现先有的小食店体验和对小食店外在暗示的依赖程度等个体因素、店铺形象等背景因素、对小食店的态度等自有品牌态度因素是小食店购买意愿的前驱因素,而年龄和购买风险感知等个体因素、独特包装和价格促销等背景因素与小食店顾客购买意愿呈负相关。由此可见,顾客拥有的自有品牌信息能直接影响顾客的购买意愿和购买行为(Kim 等,1999)。

(2)国内有关自有品牌顾客购买意愿的研究。20 世纪 90 年代自有品牌进入中国市场(2015,李健生)。随着自有品牌经营管理实践活动的开展,学术界也从多个角度对自有品牌的中国化发展进行不断的研究和探索,研究方向主要集中在自有品牌的竞争战略、营销策略、消费者购买影响因素、消费者购买意愿等方向。相比美、英、德等国,我国零售业自有品牌战略起步较晚,国内学者针对消费者自有品牌购买意愿进行了一系列探索性研究,但整体上尚处于摸索阶段。

1)实体零售自有品牌购买意愿研究。影响因素研究在自有品牌购买意愿研究成果中占较大比重。实体零售自有品牌顾客购买意愿会受来自消费者、零售商、制造商和自有产品属性四方面的影响(汪康,2020)。同类自有品牌中,合作制造商的行内影响力和知名度越高就越会增强顾客对该自有品牌的购买意愿,购买率往往较高(霍佳震等,2016)。陈莉(2019)基于消费者线索利用理论,选择不知名制造商、为知名品牌代工的制造商、拥有自主知名品牌的制造商三个层级自有品牌制造商为线索视角,实证研究电商自有品牌制造商线索对消费者感知质量、感知风险和购买意愿的影响。陈铭慧(2002)通过对商场情景的研究发现,商场情景会调节顾客购买意愿,情景刺激太小不能激发消费者购物意识,而情景刺激过当则会引发消费者怀疑、厌倦、躲避等负面情绪,弱化顾客购买意愿。江明华、郭磊(2003)认为零售商形象影响消费者对自有品牌产品质量感知的评估,进而影响顾客购买意愿。葛翔曦(2009)认为商场的环境和服务要素对自有品牌购买意愿产生重要作用。在此基础上,大多学者普遍认为店铺形象(陶鹏德等,2009;洪江涛、张杰,2010;杨国峰、张玉荣,2014)、产品知识、感知质量、感知风险(费明胜等,2007)和感知价格(房师华,2010)等是影响消费者购买自有品牌意愿的主要因素。薛龙彬(2016)通过深入研究,发现标识牌提示、陈列位置(店铺情境)会进一步强化感知质量、感知价格和品牌敏感度对消费者自有品牌的购买意愿的影响。

2)线上自有品牌购买意愿研究。随着互联网时代到来和电子商务的崛起,线上零售商行业竞争愈发激烈,自有品牌成为线上零售商实现差异化竞争优势的一种战略选择。由此,引发学界对自有品牌顾客线上购买意愿的研究热度。与实体店铺消费相比,面对虚拟的线上产品,顾客网购感知风险必然增加,因此有效降低顾客网购风险将会大大增强顾客自有品牌产品的线上购买意愿(薛龙彬,2016)。汪奕泽等(2018)从网络零售商角度出发,指出在线店铺的易用性、有用性、愉悦性、信任性和功能性等店铺形象正向影响着顾客对线上自有品牌产品的购买意愿。孙永波、武博扬(2018)则从消费者(企业联想、在线评论、品牌敏感度、信任倾向、涉入度)和线上零售商(自有品牌模式选择、市场定位、商品组合、定价策略、网站布局)两个角度十个方面构建出线上零售商自有品牌购买意愿影响因素模型,认为网络零售商自有品牌的产品、价格、定位和网店形象等都会引起顾客购买意愿的变动。

2.5   有关品牌信任研究概述

2.5.1   品牌信任概念

社会学、心理学、经济学和营销学等领域对信任概念的界定不尽相同。营销学视角下的信任更侧重交易环节的一方对另一方心理上的信赖或依赖，认为信任是双方达成交易或交换关系的基础。随着企业品牌意识觉醒和品牌战略实施，品牌信任普遍应用于管理学和营销学领域，并逐渐成为学术界研究的焦点话题。1969 年，Howard 和 Sheth 首次提出品牌信任（Brand Trust）概念，并明确指出品牌信任是引发顾客产生产品购买意愿的关键性因素。Bennett 和 Harrell（1975）也认为，品牌信任度在预测顾客产品购买意向时发挥着重要作用。品牌信任是基于个体内心对品牌创建者的形象与信誉，品牌旗下的产品和服务的景仰、期盼和依赖，顾客对品牌产生信赖的程度。因此本书中品牌信任主要涉及顾客和零售商两大主体。Delgado-Ballester（2004）认为品牌信任就是当面对险情时，购买方对品牌产品或服务的可靠程度以及品牌意图有明确的憧憬。本书借鉴Delgado-Ballester的观点提炼实体零售自有商品的品牌信任。实体零售自有品牌的品牌信任指顾客认为实体零售商诚实守信，专业能力强，自有品牌的产品或服务都是值得信赖的，遇到经营风险时，实体零售商会优先考虑顾客利益。

2.5.2   有关品牌信任的研究

（1）品牌信任的研究。品牌信任是企业在市场营销活动激发并强化顾客购买意愿、促成交易的关键环节，也是创建和维护顾客和品牌之间密切、高质量互动的必然结果。通过对国内外营销学、心理学两个领域相关文献研究进行脉络梳理，我们可以发现有关品牌信任的研究主要有认知线和情感线两条主线(袁登华,2007)。首先,基于认知理论的认知线路,该类研究主要聚焦品牌风险评价和质量感知,认为消费者通过评估品牌风险、预测品牌风险、感知品牌质量等认知过程而逐渐形成对某品牌的依赖程度(Dick、Basu,1994)。其次,基于关系营销理论的情感线路,该类研究主要围绕品牌与顾客间关系而展开,认为信任是顾客和品牌之间的润滑剂,是强化顾客—品牌关系的情感纽带,是市场营销终极目标的重要组成成分(Elliot、Wattanasuwan,1998;Blackston,1992;Hiscock,2001)。

(2)品牌信任维度研究。梳理国内外相关文献发现,目前国内外有关品牌信任测量维度的研究存在"一维""二维""三维"(童利忠、雷涛,2014)和"四维"(于春玲、郑晓明,2004)的提法。一维度论者将品牌信任视为单一整体维度来考察,此法使用模糊,准确性差。二维度论者以 Delgado-Ballester等(2003)为代表,将品牌信任分为品牌可靠性和品牌意图两方面,品牌可靠性指一个品牌能够充分满足顾客需求或履行品牌承诺的程度;而品牌意图指顾客内心坚定地相信品牌会以顾客为中心,会从顾客利益出发,把顾客利益放在首位,不欺骗顾客,主观上对品牌充满信心的态度。品牌信任二维量表在理论和实践中得到广泛的验证和应用,为贺爱忠(2010)、李晓丹(2015)和杨尊尊(2020)等国内学者多次引用和借鉴。Sung Ho Han(2015)则基于品牌认知角度,认为品牌信任测量应从品牌影响和品牌意识两个方面入手。主张品牌信任三维论者人数众多,观点同中存异,比较有代表性的有以下几种:①Hess(1995)从真诚、可靠和利他三个维度开发专门的品牌信任测量量表。②Geok Theng Lau(1999)等学者则从品牌声誉、品牌可预知性和品牌能力三个方面衡量品牌信任。③Arjun Chaudhuri(2001)等学者则认为品牌信任应包括品牌安全度、品牌诚实度和品牌可信度三大维度。④从消费者行为和消费心理的视角,Patricia Gurviez(2003)等学者提出品牌信任衡量包括品牌可靠度(Credibility)、品牌诚信度(Integrity)和品牌善行度(Benevolence)三个维度,其中品牌可靠度主要指消费者心目中的品牌在产品的质量或功能方面满足消费者心理预期的程度;品牌诚信度主要指消费者心目中的品牌提出承诺并履行承诺的程度;品牌善行度主要指企业善待顾客、保护顾客客户隐私等践行顾客利益导向的程度,很显然,该观点是对上述二维论的进一步具体地细化和延伸。四维论者则主要以于春玲、郑晓明(2004)等为代表,他们通过对非耐用消费品进行大量调查和统计分析,认为品牌信任衡量指标应包括品牌形象、质量水平、品牌认同度和企业价值观四方面。

(3)自有品牌信任的研究。信任对消费者行为起着决定性作用(Howard,1989)。消费者为了减少不确定性,降低购物风险,往往会选择比较熟悉的、信任的零售商或产品(金玉芳,2006)。因此,面对成熟的制造商品牌,零售自有品牌如何赢得顾客信任和依赖就显得尤为重要。近几年,越来越多的学者将品牌信任运用于自有品牌消费行为的研究。Howard(1989)、刘威等(2010)、童利忠和雷涛(2014)一致认为消费者对品牌的认知会转化为信任。李满(2020)也从认知角度出发,指出引进绿色产品,在功能价值基础上,通过增加情感价值和社会价值,提升感知价值,降低感知风险,转变顾客对自有品牌的认知和态度,从而塑造顾客的自有品牌信任度。

国内顾客对自有品牌认知度普遍较低,相对于成熟的制造商品牌而言,顾客自有品牌的感知风险较为强烈。基于此,考虑课题具体情境,本书借鉴Delgado-Ballester(2004)二维论,从品牌可靠性和品牌意图两维度展开对实体零售顾客自有品牌的品牌信任研究。

2.6　有关在线评论和品牌熟悉度研究

2.6.1　在线评论

20世纪50年代出现"产品口碑"这一提法。随着互联网和电子商务发展,传统的口口相传的口碑形式逐渐衍生出电子口碑或网络口碑。在线评论是网络口碑的一种表现形式,也常常被称为"在线消费者评论"或"在线用户评论"或"在线产品评论"。

(1)在线评论的定义。"在线评论"这一专业术语最早由Chaterjee提出。Chaterjee公开发表在期刊 *Advances in Consumer Research* 的一篇学术论文"Online Reviews: Do Consumers Use Them?"（2001）中首次使用 Online Reviews 一词,翻译成汉语即为"在线评论"。互联网背景下,各大电商平台纷纷设置在线评论功能,以增强双方互动和高效收集顾客意见。因而,在线评论也逐渐成为市场营销、消费者行为学界研究的焦点话题,但关于在线评论定义的看法不一。Park 和 Lee（2008）认为在线评论是消费者亲身体验某产品或服务后所给出的信息反馈;Barket（2001）也认为在线评论是消费者在销售网站、产品网站或论坛发布的产品意见。Buttle（1998）则侧重强调评论渠道,认为在线评论是基于网络平台、传播媒介之上公开传播的口碑信息。宁连举和孙韩（2014）指出在线评论是消费者在网络平台发布个人情绪和消费体验。张玉林（2021）则更突出在线评价的参考价值,认为在线评论就是消费者在购物网站或者第三方平台对购买和使用过的产品给出正面或者负面、主观或者客观的评价和意见,而这种意见能被潜在消费者阅读和点评。

综上所述,国内外学者从不同角度和侧重点对在线评论定义进行阐述,但有关在线评论内涵的理解却高度相似。首先,评价主体是曾经购买或使用过在线产品或服务的消费者,也就是拥有在线购物经历的消费者;其次,评价信息媒介是各种互联网络媒体,如京东、淘宝等网购平台以及企业官网购物商城等网络渠道;再次,评价主体主动将购买或使用产品后的主观感受、个人态度等信息反馈在各种互联网媒体;最后,其他消费者线上购买决策会参考或借鉴第三方消费者的评价信息。基于此,本书认为在线评论（Online Reviews）是指曾经有某产品或服务网购或使用经历的顾客在企业官网商城、第三方评论网站、个人网页或新型社交媒体等各种网络媒介上发布的、对该产品或服务的使用感受、态度或意见。

（2）在线评论研究概览

1）国外对在线评论的研究起步较早。网上购物过程中,在线评论显著影响着消费者的线上商品选择,大大增强购物者对网店和商品品牌信任（Wernerfelt,1994;Senecal S.,2004）,在此基础上吸引消费者光顾网店,提高顾客产品的浏览意愿,增强顾客对网店和产品的黏性并为其做出理性决策提供参考（Senecal S.,2004）。Senecal S.（2007）、Park（2004）、Kim（2008）均对在线评价与消费者购买意愿之间的关系进行深入研究与探讨。

2）国内有关在线评论的研究。随着国内互联网络普及和网购消费崛起,国内学者对在线评论关注度越来越高。国内学术界有关在线评价的研究主要集中于建立顾客信任(孙瑾、郑雨、陈静,2020)、影响顾客购买意愿(熊素红、景奉杰,2014;沈璐、庄贵军,2015;庄惠英、王兴芬,2017)、影响顾客购买决策(朱辰,2016;曹裕、李青松、万光羽,2020;张玉林,2021)、促进销售方面的作用和评价信息有用性(黄卫来、潘晓波,2014)、评价可靠性和采纳意愿作用机理(钟喆鸣、许正良,2019;邓卫华、易明、李姝洁,2018)、动机和参与意愿影响因素(王宇灿、袁勤俭,2014;葛继红、汪诗萍和周曙东,2017)等方面,模型研究和实证研究成果较多。

(3)在线评论与购买意愿关系研究。伴随着“互联网+”技术的推广,国内网民数量激增,消费者网购倾向日益增强,电子商务逐渐渗透到消费者日常生活中。如何正视或管理在线评论以增强消费者在线购买意愿已成为国内学者长期关注的焦点话题。近几年,学术界对在线评价和消费者购买意愿之间关系的研究成果较多。运用回归模型,王琳(2015)从消费者角度实证分析在线评论对网络消费者购买意愿的影响,高宝俊等(2015)则从在线卖家角度实证分析在线评论系统对销售的影响。庄惠英和王兴芬(2017)从主客体两个视角出发,对比分析同类商品在线评论的竞争机制,并强调卖家应高度重视在线评论的反馈效应。朱丽叶等(2017)在考虑产品卷入度的条件下,通过实证检验分析了消费者在线评论质量与评价等级对消费者购买意愿的影响。查阅国内文献发现,在线评论作为前因变量研究较多,而作为调节变量研究较为有限。

(4)在线评论维度研究。学者们在不同研究情景中从不同维度衡量在线评论变量。刘俊清、汤定娜(2016)从在线评论数量、在线评论质量和在线评论态度三个维度测量在线评论变量。孙瑾、郑雨和陈静(2020)从平台客观性、评论者专业性、评论质量三个维度衡量在线评论,而张玉林(2021)则从评论者资信度、评论数量、评论质量和评论呈现形式四个维度对在线评论进行测量。郝媛媛等(2010)、潘晓波等(2015)、李琪等(2017)主要从评论质量、评论数量、评论效价、评论长度和评论文本特征五个方面刻画在线评论的特征维度。

综上,当前学者们从多个维度研究在线评论,主要集中在在线评论质量(郝媛媛,2010;潘晓波,2015;刘俊清、汤定娜,2016;李琪,2017)、在线评论态度(Lisa,2007;刘俊清、汤定娜,2016)、评论者资信度(孙瑾、郑雨和陈静,2020;张玉林,2021)、评论数量(潘晓波,2015;张玉林,2021)、评论呈现形式(Chevalier,2006)、评论效价(郝媛媛,2010;潘晓波,2015)、评论文本特征(李琪,2017)等七个维度。综合考虑相关课题情景,本书主要借鉴张玉林(2012)对在线评论测量维度的划分标准,从评论者资信度(Degree of Reviewer's Qualification)、评论数量(Review Amount)、评论质量(Review Quality)和评论呈现形式(Presenting Form of Review)四个方面测量在线评论。

2.6.2　品牌熟悉度的相关研究

(1)品牌熟悉度定义。品牌熟悉度(Brand Familiarity),简而言之,个体对某个品牌的熟悉程度。Alba 和 Hutchinson 长期关注品牌熟悉度理论,并为品牌熟悉度理论的进一步发展和完善做出了巨大贡献。所谓品牌熟悉度,它是消费者对某品牌某产品的购买和使用经验的积累和知晓程度(Alba 和 Hutchinson,1987),是顾客品牌知识构成的重要组成部分之一,也是品牌特征和产品属性所组成的品牌关联知识全方面、多角度、细致呈现在顾客印象和记忆中的程度。熟悉度在学术界被看作与顾客专门知识和信念强度密切相关的一个构想(Han 和 Perks,2005),其本质是品牌在消费者记忆中联结强度(Campbell,2003)或从记忆中被唤醒的难易程度。

学者们对于品牌熟悉度的概念看法不一。回顾文献发现,关于品牌熟悉度的概念目前学术圈内尚未形成统一的、权威的界定和看法,主要存在几种代表性观点:①从知识和经验角度定义,认为品牌熟悉度是顾客积累的与品牌相关的知识,这些知识是通过对产品直接或间接的体验获得的,代表了存在消费者记忆中的品牌联想集合(Lafferty,2010;余明阳等,2014;顾晋,2016),也是品牌在消费者记忆中联结强度或被唤醒的难易程度(Campbell,2003;宁昌会等,2016),通常品牌熟悉度越高,顾客越容易记起与该品牌相关的信息;②从数量或频繁程度角度定义,认为品牌熟悉度是顾客获得品牌间接经验和直接体验的数量或日常中接触品牌的频繁程度（Tam，2008；Keller 和 Aaker，1992；Kent 和 Allen，1994），接触次数越多，时间越长，越频繁，则顾客对品牌越熟悉。基于此，考虑本书的特定情境和保持变量研究的一致性，本书更倾向于第二种观点。

自有品牌熟悉度（Private Brand Familiarity）概念。Sujan M.（1985）曾对零售品牌熟悉度（Retail Brand Familiarity）概念进行界定，他认为零售品牌熟悉度是消费者对零售品牌的直接和间接体验的程度。它是影响顾客对零售品牌总体评价和态度倾向的一种重要心理变量，对于顾客搜集、处理与零售品牌相关的信息具有重要意义。借鉴学者对品牌熟悉度和零售品牌熟悉度概念的界定，本书将自有品牌熟悉度定义为：日常生活中，顾客获取的某款自有产品或某个自有品牌的间接经验和直接体验的数量或接触该自有产品或自有品牌的频繁程度。它反映了顾客对自有产品或自有品牌了解、熟知、理解的程度及头脑中的留存记忆，也是顾客评价自有产品或自有品牌质量的一个重要参照指标。

（2）品牌熟悉度的相关研究

1）与品牌信任关系的研究。熟悉感带来喜爱感（Mizerski，1995）。通常情况，对于比较熟悉的品牌，顾客感知风险会降低，更容易产生信任感（Mieres，2006；Benedicktus，2010）。同时，由于熟悉的品牌更容易被识别和想起，其在感知和认知上享有更大优势（Elena，2010），因此，熟悉度越高的品牌越会强化顾客的情感依赖，有利于提高顾客产品满意度，产生更强品牌信任（Liyanage，2012）。品牌熟悉度越高，个体脑海中有关品牌的联想越丰富，与品牌相关的信息越容易被快速提取，进而越容易影响顾客的信息处理和品牌评价（朱翊敏、周延风，2013）。Zajonc R. B. 和 Markus H.（1982）也明确指出熟悉度有助于引导消费者对品牌的服务或产品进行积极性倾向的评价，当品牌熟悉度水平较高时，更容易促使消费者产生积极的品牌情感。范丽先和李昕璐（2018）以物流品牌为研究对象进行实证研究，结果表明当顾客具有较高水平的品牌熟悉度时，会对品牌产生更强的情感依恋，从而形成品牌信任。伴随着新零售崛起、企业线上线下融合步伐加快，顾客的线上品牌信任对多渠道转型发展的企业来讲尤为重要。Benedicktus 等（2010）通过实验法验证了零售品牌熟悉度能提升顾客对线上商店的信任。卢艳峰等（2016）认为网络购物信息情境下，品牌熟悉度显著且正向影响着消费者产品评价。吴锦峰等（2017）在前人研究成果的基础上，也运用实验法进一步证明品牌熟悉度正向影响顾客对线上品牌的信任度。朱翊敏（2013）、朱琳琳等（2015）、范丽先（2018）、钟飘（2020）等学者从不同视角，对不同研究对象采用不同研究方法共同证实了品牌熟悉度会正向影响顾客品牌的信任度这一观点，即高水平的品牌熟悉度会增强顾客对品牌的信任度，反之，则会降低顾客品牌信任度。

2）与购买意愿和行为之间关系的研究。通常情况，面对熟悉的品牌，顾客购买倾向和购买意愿更强，更容易促使购买行为发生。Griffith 和 Gray（2002）通过实验法证实了品牌熟悉度对消费者购买意愿的显著影响。较多研究成果都证实了品牌熟悉度对顾客购买意愿和购买行为的积极影响（Tam，2008；Elena，2010；朱琳琳、池睿和潘明清，2015）。Kent 和 Allen（1994）验证品牌熟悉度对顾客购买能力调节的影响，认为在高水平的品牌熟悉度下，顾客更容易或更有能力接受来自企业品牌的信息，进而改变顾客购买意向并引发顾客购买行为。在网络购物兴起的背景下，消费者网上购物意愿也成为学者关注的热点。Park 和 Stoel（2005）研究发现，品牌熟悉度和先前品牌使用经验显著影响着顾客网络购买意愿。Benedicktus 等（2010）通过实验法进一步深入研究并揭示品牌熟悉度对顾客网购意愿的影响方向，表明零售品牌熟悉度能提升顾客线上商店的购买意愿。李赞（2019）也运用实验法，从消费者内在因素（品牌熟悉度）和外在因素（产品呈现方式）两个角度来探讨社会距离对网络购买倾向的影响，结果显示，品牌熟悉度对网络购买倾向存在显著影响，即高熟悉度的品牌比低熟悉度的品牌的网络购买倾向水平更高。李倩（2018）则从企业角度，基于互联网平台顾客积极参与互动，探讨新型客户关系管理，实证结果发现熟悉度对顾客感知支持与顾客契合意愿之间关系产生影响。

3）品牌熟悉度的调节作用研究。梳理国内外文献发现，有关品牌熟悉度调节效应的研究成果较多，其中有关品牌熟悉度对品牌态度、品牌信任等变量之间的调节作用的研究成果占较大比重。Elena（2010）研究证实了品牌熟悉度调节着品牌形象一致性与品牌回想、品牌联想、品牌态度之间的关系。吴锦峰等(2017)从产品类型和价格两个营销维度,运用实验法探索"线上—原型一致性"和"线上—线下一致性"两种线上营销导向对零售品牌态度变化的影响,证实了零售品牌熟悉度对该影响关系具有调节作用。卢强和付华(2016)则通过对品牌熟悉度、品牌社会权力和品牌态度三个变量关系进行研究,发现品牌熟悉度负向调节着品牌社会权力对品牌态度的影响作用。

品牌熟悉度对品牌信任变量调节作用的研究成果较多。黄晓治等(2013)通过实验法证实了品牌熟悉度在消费者情绪方面对品牌信任影响的调节作用。朱琳琳、池睿和潘明清(2015)认为品牌熟悉度在品牌传播与品牌信任之间发挥正向调节作用,即品牌熟悉度越高,品牌传播越容易强化品牌信任。以物流品牌为研究对象,范丽先、李昕璐(2018)证实了品牌熟悉度也正向调节着价值感知和声誉感知两个变量对品牌情感依恋的影响,即当顾客具有较高水平的品牌熟悉度时,顾客才对品牌产生更强的情感依恋和信赖,进而形成品牌信任。以小米品牌为例,钟飘(2020)对顾客感知价值与AI产品品牌信任之间的关系进行实证研究,结果表明品牌熟悉度在顾客感知价值与AI产品品牌信任之间存在正向调节作用。

此外,Kent和Allen(1994)验证了品牌熟悉度在感知有效性与购买能力两者关系中的调节作用。Tam(2008)认为顾客的品牌熟悉程度对顾客行为意愿具有调节作用。网络购物信息情境下,卢艳峰等(2016)研究由临场感、品牌熟悉度、在线评价三要素所构成的网购信息环境对产品评价的影响,将品牌熟悉度作为前因变量进行实证分析,结果表明品牌熟悉度显著且正向影响着消费者产品评价。朱翊敏(2019)通过两个实验证实品牌熟悉度对在线品牌社群成员参与程度和社群认同关系的调节作用。孟陆等(2019)运用实验法,实证发现,品牌熟悉度在不同语言类型与消费者调节定向的交互作用对产品购买意愿的影响中起负向调节作用。网购情境下,王建华(2021)通过情境实验法证实,品牌熟悉度对在线生鲜感知价值存在显著影响,进而调节着感知价值与顾客购买意愿。

综上,当前学术界对品牌熟悉度研究主要集中在品牌信任(Liyanage,

2012；范丽先，2018；钟飘，2020）、购买意愿（Brucks M.，1985；Lange F.，2003；朱翙敏，2019）、广告效果（Kent R. J. et al.，1994；Hardesty D. M. et al.，2002；孟陆等，2019）、购买风险（Benedicktus R. L.，2010；Mowen J. C.，1980）等方面，而有关自有品牌熟悉度的研究数量却相当有限。钱敏、魏世繁和芮振（2016）从消费者的角度来实证了作为前因变量的品牌熟悉度对购买意愿显著影响，验证了感知质量的中介作用，并主张加强自有品牌与顾客之间的双向沟通，转变顾客的自有品牌认知，增强自有品牌熟悉度，以促进顾客购买意愿。

2.7 研究述评

相较于国外日趋成熟的自有品牌理论，国内有关自有品牌的研究从数量、质量和研究深度等方面则明显相对滞后。国外学者从不同的角度对自有品牌概念、自有品牌购买意愿及其影响因素等方面进行较为深入研究；国内虽有学者也从店铺形象、感知风险、感知质量、产品特性、品牌信任等多方向探索自有品牌购买意愿的影响因素，但总体上定性研究较多，而定量研究成果较为欠缺。

国内营销专业领域学者们高度关注零售业自有品牌顾客消费行为，研究成果较为丰富。体验经济时代，越来越多的学者尝试探索顾客体验、品牌信任和顾客购买意愿三者之间的关系。总体看，现有自有品牌文献资料呈现特征：①单一案例研究多，多案例研究比较少，普适性研究有限，缺乏系统性和全面性；②研究视角窄，受发展历史和社会实践的影响，现有研究成果中关于实体零售自有品牌研究居多，而随着网购兴起，线上零售自有品牌的研究在近几年才逐渐升温，数量陡增。从宏观审视，这些成果的研究视角选择主要是传统的线下实体零售或者是网络零售，研究视角较为单一，从打通线下到线上传输路径的角度来思考零售自有品牌发展问题的研究成果比较有限，高质量的研究学术成果更少。

　　体验经济和互联网时代背景下,伴随着新零售的崛起和数字化营销兴起,实体零售和线上店铺双渠道的营销思维和营销模式将是企业可持续、良性发展的必然选择。基于此,本书将以双线融合为背景,基于消费者购买意愿理论、品牌信任理论、认知迁移理论,探索实体零售自有品牌顾客体验与线上自有品牌顾客购买意愿之间的影响机制,研究品牌信任在实体零售自有品牌顾客体验与线上自有品牌顾客购买意愿之间关系的中介效用,探讨自有品牌熟悉度在实体零售自有品牌顾客体验对品牌信任影响中的调节作用、在线评论在品牌信任对线上自有品牌顾客购买意愿影响中的调节作用,为提升实体零售企业竞争力、提高自有品牌绩效提供策略建议。

3

研究假设与理论模型

3.1 研究假设

3.1.1 自有品牌线下顾客体验与线上顾客购买意愿

Maslow(1968)提出体验是最快乐和最满足的时刻。自有品牌线下顾客体验是顾客在实体零售店购买自有品牌产品全过程中受到来自产品、服务、环境、情境和智能化水平等因素刺激而获得的综合体验和主观感受。顾客体验是顾客在与企业的交互过程中主观感受到的一种愉悦感或满足感(Norman,2006)。良好的顾客体验能给顾客带来积极情绪和正向评价,提高顾客对实体零售自有品牌的满意度和感知价值,进而直接影响其线上购买意愿(Verhagen T. 和 Dolen W. V. ,2009;Jones C. 和 Kim S. ,2010)。现有研究成果也多次证实了满意的实体店购物经历直接提升顾客跨渠道的线上购物意愿(Kwon W. S. 和 Lennon S. J. ,2009;Jones C. 和 Kim S. ,2010)。情境或消费者情境,是在特定的时间和地点所能观察到的,在个人和刺激物之外,对当前行为产生可论证性和系统性影响的所有因素(Belk,1974),是影响消费者临场体验感的敏感因素。王勇、李文静(2016)以优衣库为例,从全渠道营销视角实证分析消费者线下购买经验对线上购买意愿的影响,结果发现,线下服务质量和满意度显著影响顾客线上购买意愿,并提出提升线下服务质量,提高线下消费者的满意度和购买意愿,会进一步引发线上购买行为。杨尊尊(2019)采用理论和实证结合的研究方法,探讨顾客线下体验与顾客线上购买意愿之间的关系,发现顾客线下体验对顾客线上购买意愿起着正向影响作用。

实体零售自有品牌店铺顾客线下良好购物体验可能会正向影响顾客对零售自有品牌的线上购买意愿。基于此,可提出如下假设。

H1:自有品牌线下体验正向影响线上购买意愿。

H1a:线下自有产品体验正向影响线上购买意愿。

H1b:线下员工服务体验正向影响线上购买意愿。

H1c:线下智能化购物体验正向影响线上购买意愿。

3.1.2　自有品牌线下体验与品牌信任

Howard(1989)消费者购买决策模型认为消费者购买行为分为三个阶段,依次为认知、态度或信任、购买意愿或行为。顾客体验和品牌信任存在共同点,二者均是个体心理概念,具有主观性,但顾客体验与品牌信任不同,顾客体验往往是顾客在参与或身临其境之后产生的一种主观上的感受或认知,这种感受或认知更大程度上属于感性认知。通常情况下,品牌认同可以显著影响消费者的品牌购买意图(Paharia N. ,Keinan A. ,Avery J. ,Schor J. B. ,2011)。而品牌信任则是消费者将感性认知上升为理性认知后所产生的内心的信赖或依赖(Howard,1969)。在实体店消费的过程中,顾客往往可以从服务水平、产品质量、店铺氛围、产品种类、产品包装、价格水平多方面获得有关自有品牌或自有产品的感知和体验。当消费者感知到积极、正向的购物体验时,就会对该实体零售自有品牌产品产生积极的联想与评价,进而产生积极态度,信赖该自有品牌(Ailawadi 和 Keller,2004),例如商店环境、服务水平会影响消费者对自有品牌和自有产品的评价和态度(Donovan 和 Rossiter, 1982;Erdem 和 Darden, 1983;Ridgway, Dawson 和 Bloch, 1989 ;Fitzell,1992)。因此,基于客观顾客体验,消费者对品牌的感知能够直接或间接地影响品牌信任(范丽先、李昕璐,2018)。Howard(1989)、刘威等(2010)、童利忠和雷涛(2014)一致认为消费者对品牌的认知会转化为信任。

顾客在实体零售店自有品牌和自有产品积极的购物体验刺激下,可能会逐渐增加并强化对自有品牌认知,最终形成对自有品牌的信赖与信任。基于此,提出以下假设。

H2:自有品牌线下体验正向影响品牌信任。

H2a:线下自有产品体验正向影响品牌信任。

H2b:线下员工服务体验正向影响品牌信任。

H2c:线下智能化购物体验正向影响品牌信任。

3.1.3 品牌信任与线上购买意愿

品牌信任是顾客内心对品牌形象、质量、服务等方面产生的强烈的肯定、认同和信赖,它是顾客满意累积和强化的结果,也是影响顾客产品购买意愿的关键性因素(Howard 和 Sheth,1989)。根据 Howard 的消费者购买决策模型理论可知,态度或信任是前因,购买意愿或行为是结果,消费者的购买意愿或行为是建立在对品牌或产品的积极态度和真心信任基础上的。Bennett 和 Harrell(1975)结合研究结论指出信任度在消费者预测购买意向时发挥着重要作用。自有品牌信任正向影响顾客线下自有品牌购买意愿已为学术界普遍认可和接纳(Kim et al.,2005;Hahn et al.,2009;贺爱忠、李钰,2010;梅雪,2010;Sarantidis P.,2012;童利忠、雷涛,2014;汪奕泽、胡旺盛,2018)。

与线下实体零售店内产品相比,线上产品具有虚拟化和不可触摸等特征,这些特征无疑会增强顾客购买决策和购买行为中的不确定性和高风险性,从而大大增加顾客感知风险。但有研究发现,具有较高信任倾向的消费者对于网购自有品牌产品的感知风险会有所降低(Bailey,1999)。因此,网购情境下,信任在买卖双方交易过程中起着决定性作用(Schlosser et al.,2006),品牌信任在一定程度上能对冲顾客网购过程的感知风险,强化消费者网上购买意愿。Kimery 和 Mccord(2002)的研究表明,信任与消费者线上购物态度正相关,与感知网络购物风险负相关。刘俊清、汤定娜(2016)从在线评论的角度进一步实证表明顾客信任正向影响消费者线上购买意愿。Hahn 和 Kim(2009)、张辉(2011)也认为消费者对零售商店的信任显著正向影响其线上购物信心和意愿。孙永波和武博扬(2018)构建线上零售商自有品牌购买意愿影响因素模型,并指出信任倾向直接影响顾客自有品牌线上购买意愿。

顾客对自有品牌的信任倾向可以有效地降低其对线上购物的风险感知,进而可能会提高顾客自有品牌线上购买意愿。基于此,提出以下假设。

H3:品牌信任正向影响线上购买意愿

3.1.4 品牌信任的中介作用

消费者的购买意愿或购买行为源于对品牌或产品的认知、认可和信赖。1989 年,Howard 创建的认知—态度或信任—购买意愿或行为三阶段消费者购买决策模型理论指出,信任对消费者行为起着决定性作用。实体零售自有品牌的产品、服务、环境、智能化条件等因素通过感官刺激而给顾客留下深刻的、持久的购物体验,从而形成顾客对零售自有品牌的主观认知。积极的自有品牌认知和线下品牌体验有助于强化顾客对自有品牌的信任(Ridgway,Dawson 和 Bloch,1989 ;Fitzell,1992;Ailawadi 和 Keller,2004;童利忠和雷涛,2014)。信任是一种相对稳定的信念。根据迁移理论,在相似的网购情境刺激下,顾客在形成对网店自有品牌认知或态度的过程中会调动并参考个体已有的、对该实体店自有品牌的认知和态度,顾客对自有品牌的信任会从线下实体迁移至线上网店,也就是说,顾客对线下实体零售自有品牌的信任和态度会跨渠道转化为顾客对该零售网店线上自有品牌的信任和态度(信任和态度的迁移效应),进而引发顾客对零售网店线上自有品牌的购买行为或购买意愿(Kim et al.,2005;Hahn et. al.,2009;Bock et al.,2012)。曾有多位学者论证了品牌信任的跨渠道转移的可行性和合理性

（Kuan 和 Bock,2007；Sparks,2011；陈玉芬,2017）。林家宝等（2010）也指出信任一旦产生,会在不同的渠道间发生转移,比如从线下实体店购物环境转移到线上网店购物环境,或者从线上虚拟购物向线下实体购物环境发生转移。同时,消费者对零售商线下实体商店的信任显著正向影响其线上购物信心和意愿（Hahn 和 Kim,2009；Kwon W. S. 和 Lennon S. J.,2009；张辉,2011）。也就是说,当顾客对实体零售品牌信任度越高,则该顾客转向线上购买意愿和购买信心越强烈。新零售背景下,品牌信任在双线融合模式中的中介效应逐渐显现。Bart 等（2005）通过实证分析表明在网站消费领域前因和行为结果的过程中,品牌信任起显著中介作用。赵明明（2017）运用相关分析和回归分析实证表明,品牌信任在顾客体验和顾客购买意愿之间发挥中介作用。杨尊尊（2019）采用理论和实证相结合的研究方法,构建顾客线下体验与线上购买意愿的研究模型,并指出信任在顾客线下体验与线上购买意愿的关系中发挥着中介作用。

因此,实体零售自有品牌顾客良好的线下体验极有可能强化顾客自有品牌信任,并将顾客线下品牌信任转移至线上品牌信任,进而正向影响顾客对自有品牌线上购买意愿。基于此,提出以下假设。

H4:品牌信任在顾客自有品牌线下体验与线上购买意愿的关系中发挥着中介作用。

H4a:品牌信任在线下自有产品体验与线上购买意愿的关系中发挥着中介作用。

H4b:品牌信任在线下员工服务体验与线上购买意愿的关系中发挥着中介作用。

H4c:品牌信任在线下智能化购物体验与线上购买意愿的关系中发挥着中介作用。

3.1.5 自有品牌熟悉度的调节作用

熟悉感带来喜爱感（Mizerski,1995）。品牌熟悉度,常被称为品牌形象或品牌知名度,它是消费者对某一个品牌相关经验的积累程度(Alba 和 Hutchinson,1987),某种程度上它也代表着消费者对品牌的认知程度。由于熟悉的品牌更容易被消费者识别和想起,正是基于感知和认知上的独特优势(Elena,2010),它显著影响着消费者的消费态度和消费行为(Fazio R. H. ,Powell M. C. 和 Williams C. J. ,1989)。通常情况,不熟悉的品牌容易引发消费者的风险感知,而对于熟悉的品牌,消费者则会本能地产生亲切感,继而进一步拉进自我与品牌之间的心理距离,对品牌的品质和属性产生强烈的认同,最终引发消费者对品牌长期的信任和信赖。因此,较高的品牌熟悉度更能够强化顾客的品牌情感依赖,提高顾客对品牌的满意度,更容易增强顾客品牌信任和购买倾向(Campbell,2003;Liyanage,2012)。

根据态度可接近性理论(Attitude Accessibility Theory),自有品牌的熟悉度越高,消费者脑海中有关自有品牌的联想就越广泛,印象越深刻,自有品牌的信息就越容易从消费者记忆中被提取和唤醒,进而影响消费者对自有品牌产品的评估和决策。现有研究表明,品牌熟悉度越高,消费者购买意愿越强,品牌熟悉度正向显著影响着消费者购买意愿(Griffith 和 Gray,2002)。例如 Richardson(1996)、Agarwal P. K. 和 Gupta V. P. (2017)等学者认为消费者对零售店铺熟悉度是影响消费者购买自有品牌的重要因素。网购情境下,各种不确定性使得消费者感知风险增加,但是品牌熟悉度的提升却可大大降低消费者的感知风险,增强品牌喜爱和品牌信任(Baker,1986;Obermiller,1985;Mieres,2006;Benedicktus,2010)。Park 和 Stoel(2005)也明确表示,品牌熟悉度和先前的品牌经验显著影响着顾客的网络购买意愿。Benedicktus 等(2010)通过实验法进一步验证了零售品牌熟悉度能大大提升顾客对线上商店的信任度和购买意愿。

因此,通过上述分析,自有品牌熟悉度在自有品牌线下体验对品牌信任影响关系中可能发挥着调节作用。基于此,提出如下假设。

H5:自有品牌熟悉度在自有品牌线下体验对品牌信任影响中发挥着正向调节作用。

H5a：自有品牌熟悉度在自有产品体验对品牌信任的影响中发挥着正向调节作用。

H5b：自有品牌熟悉度在员工服务体验对品牌信任的影响中发挥着正向调节作用。

H5c：自有品牌熟悉度在智能化购物体验对品牌信任的影响中发挥着正向调节作用。

3.1.6 在线评论的调节作用

在线评论(Online Reviews)，它是消费者通过企业官方网站、第三方评论网站、个人网页或新型社交媒体等各种网络平台，采用图片、文字、打分、短视频等多种方式，公开发布的有关个体曾经购买或使用过的产品、服务、品牌和网站的整体看法、评价或态度。在线评论可能是消费者一次成功网购经历后正面的、积极的评价信息，这些信息对其他潜在消费者在线购买意愿和购买决策会产生一定的激励或促进作用；然而，它也可能是消费者经过一次失败的在线购物体验后所产生的负面的、消极的评价信息，这些信息可为其他潜在消费者在线购买意愿和购买决策产生一定的警示或阻碍作用。随着互联网深度渗透居民日常生活，人们的消费习惯和消费方式发生了巨大的变化。网购因具备不受时空局限、产品服务种类齐全、时间成本低和价格成本低的竞争优势而备受青睐。与传统实体店相比，在线产品在颜色、形状、大小、材质和功效等方面在呈现形式上处于虚拟化，消费者难以获得"真切"感官体验，因此在线购物存在一定的不确定性和消费者感知风险较高等弊端。作为独立于在线商家和消费者之间的第三方已购消费者，不倾向任何一方，站在相对中立的立场上阐述个体消费中有关产品或服务的整体感受、个人态度和主观评价。因此，在线评论的评价信息具有较高的可信度，能使消费者更客观、更全面地了解线上产品或服务，有效地降低消费者网购风险，增强潜在顾客的在线品牌信任，对消费者购买决策具有推荐作用(Senecal S.，2004)。毫无疑问，第三方顾客的在线评论是强化消费者网购意愿，推动消费者网络购买意愿向网络购买行为转化的关键参考依据。

Wernerfelt(1994)指出,在线评论能够增强消费者对购物平台、在线品牌和在线商品的信任度。Park(2008)也认为,在线评论的质量、数量、时效、态度对消费者在线购买意愿均有显著影响。国内外现有较多研究成果都证实了在线评论对品牌信任和消费者购买意愿的显著影响。Dellarocas(2003)从在线卖家角度出发,研究发现在线评论能够增强消费者之间的良性互动,有助于在线零售商全面洞察经营情况,满足顾客个性化需求,不断改善在线产品和优化在线服务,以提高顾客满意度和潜在消费者的购买意愿和购买力。Senecal S.(2004)也指出,在线评论对消费者的品牌信任起着不可忽视的作用,显著影响着消费者的在线选择,也就是说,在线评论使得消费者光顾网店意愿更强烈,有助于增强消费者的网站黏性和网购意愿,并为进行科学、理性地网购决策提供依据。

网购情境下,第三方在线评论对于网购顾客产生品牌信任、激发顾客网购意愿和网购行为均产生一定的影响作用。基于此,提出如下假设。

H6:在线评论在品牌信任对线上购买意愿的影响中可能发挥着调节作用。

在线评论研究离不开测量维度的选定。通过查阅与梳理相关文献资料,借鉴相对成熟的研究成果,本书主要是从评论者资信度(Degree of Reviewer's Qualification)、评论数量(Review Amount)、评论质量(Review Quality)和评论呈现形式(Presenting Form of Review)四个维度研究在线评论对线上购买意愿的影响机理。

(1)评论者资信度(Degree of Reviewer's Qualification)。评论者资信度主要指评论者的专业化程度和可信程度。评论者专业化程度决定着评价信息的专业性、准确性和有用性;而评论者可信度决定评价信息的客观性和可靠性。根据传播说服理论,信息接收者对信息的处理结果和处理态度会受到信息源头(即信息发送者)可信度的影响。从信息来源层面看,通常专业性强、信誉度高的信息发送者提供的评价信息越客观、更可信,参考价值更高,更容易获得信息接收者的认可或借鉴。通常消费者更愿意相信业内专家、官方人员、知名人士、亲朋好友等给出的相关产品或服务的使用体验与评价。评论者资信度决定了评价信息专业性和可靠性,体现出评价信息的借鉴价值,影响着顾客的选购意愿(Park,2007;莫赞、罗敏瑶,2019)。现有研究成果已从不同角度验证了评论者资信度对顾客购买决策的正向影响作用,也即评论者资信度越高,顾客购买意愿越强烈,越容易产生购买决策(Chen,2007;郑小平,2008)。基于此,提出如下假设。

H6a:评论者资信度在品牌信任对线上购买意愿的影响中发挥着调节作用。

(2)评论数量(Review Amount)。评论数量是评论者在特定时段内采用文字、图片、短视频、打分等多种形式,通过网络媒体发布的、有关已购产品或服务或平台的相关评价信息的总量和好评总量。评论数量衡量指标主要包括累计评价总量和点赞评论总量。电商产品琳琅满目,来自平台和商家的推介信息庞杂,产品评价信息总量则成为顾客高效过滤目标产品、缩小决策范围的有效路径。从众效应(Bandwagon Effect),又称乐队花车效应,指出个体在群体影响下不断地修正、调整自己的判断、观点和行为以趋同于群体意识或看法,即所谓的"随大流"。通常情况下,人们认为评论数量与购买量、关注度呈正相关,同时也代表着产品或服务受顾客欢迎的程度。评论数量越多,表明购买该产品或服务的顾客越多,顾客对该产品或服务的关注度越高,产品或服务越受大多数顾客的欢迎(张玉林,2021),基于从众心理的顾客购买意愿则越强烈。此外,评论数量越多,也意味着不同客户不同场景下所提供的各种各样的顾客体验信息,这些评价信息具有真实性、直观性、全面性、可靠性等特征,有利于顾客快速、客观、全面了解并熟悉目标产品或服务,高效锁定目标产品或服务,降低购买成本、减少选购风险更便于强化顾客购买意愿。罗彩娟(2022)以普洱茶为例,基于普洱茶在天猫和淘宝网络销售平台一个月内的产品累计销售量和在线评论数据作为研究对象,建模研究结果发现,普洱茶在线评论总体数量对其总体销量产生显著的正向影响作用。因此,在某种程度上来说,有关产品的总体评价数量越多,越容易强化顾客的购买意愿。评价信息代表着顾客使用产品后的整体感受和个人态度,通常好评如潮的产品更容易引发顾客产生对该产品的信任和好感,加速顾客购买意愿向购买行为的转化。Lisa 等(2007)研究表明最受好评的商品更容易吸引消费者,激发消费者购买意愿并产生购买行为。这也从侧面再次印证了累积在线评价数量对顾客在线购买意愿与购买行为的积极作用。综上所述,评论数量在一定程度上影响着顾客网购中对品牌的信任感和购买决策。基于此,提出如下假设。

H6b:评论数量在品牌信任对线上购买意愿的影响中可能发挥着调节作用。

(3)评论质量(Review Quality)。评论质量是指顾客在平台发布评价信息的关联性、通俗性、真实性、可靠性和有用性等。互联网和电子商务背景下,商家线上竞争日趋激烈。为了吸引顾客停留、引导顾客选购、促进产品销售,一批商家通过"好评返现""晒图返现""评论字数超过 50 字送现金券"等手段操控产品或服务的评价信息,使得评价信息复杂多样,质量参差不齐,干扰潜在顾客购买意向和决策判断。学者们主要从评论的长短、文本内容等多个角度衡量在线评价质量,普遍认为高质量的在线评价应具备四个特征:①评价内容要与产品或服务高度相关;②评价信息避免晦涩难辨,而应通俗易懂,具有普遍识别性;③评价信息应客观真实,可靠可信;④评价信息借鉴价值高,能为潜在顾客选购提供全方面、多角度的有效帮助。只有那些客观真实、全面详细、语言通俗易懂且逻辑性强、与产品高关联度的评价信息才是高质量的在线评价。高质量的在线评价更容易为潜在顾客提供丰富的、多样化的产品信息,有利于潜在顾客全方面了解该产品真实的功能、服务等情况,减少网购中的不确定性带来的决策风险,更容易增强潜在顾客的信任感,进而影响着顾客购买意向、购买决策(江晓东,2015)。因此,评论质量有可能影响着品牌信任与消费者的购买意愿之间的关系。基于此,提出如下假设。

H6c:评论质量在品牌信任对线上购买意愿的影响中可能发挥着调节作用。

（4）评论呈现形式（Presenting Form of Review）。评论呈现形式是指顾客对购买产品或服务的内心感受、看法或态度的一种外在表达方式,通常包括文字、图片、短视频和追评四种形式。不同呈现形式在线评论因提供产品信息量不同而使得其价值和可信度各不相同,对消费者参考意义也不同,继而不同程度地影响着消费者网购意愿和购买决策。例如,Chevalier(2006)研究发现,不同的在线评论的表达方式对商品销量产生不同的影响,消费者以文字描述方式发表的评论对消费者购买意愿的影响明显高于打分或自动好评等评价形式,其中文字描述配以晒图的组合评论方式更具有说服力,对消费者购买意愿的影响最为显著。Xu(2014)也认为图片评论能够显著增强顾客的信任度。短视频是顾客比较偏好的一种评价形式,但有关短视频在线评价的研究文献较少(张玉林,2021)。随着科技进步,评价文字可以快速复制粘贴,图片也可以通过图片处理工具进行美化,相比较而言,短视频评论信息可信度可能更高些。从呈现效果看,短视频评价信息多样化、直观性,有利于顾客全方位、多角度了解产品或服务,呈现效果明显优于图片评论信息和文字评论信息。追加评论是顾客购买产品或服务并使用一段时间后根据使用产品真实体验给出的连续性反馈信息。通常追加评论信息真实客观、可信可靠。追评信息拥有最高借鉴价值,往往会获得顾客的高度信任,也会成为经验丰富的潜在顾客进行网购决策的关键参考信息。因此,互联网购物情境下,多样化的在线评论呈现方式在品牌信任和自有品牌在线顾客购买意愿之间的关系中可能发挥着调节作用。基于此,提出如下假设。

H6d:评论呈现形式在品牌信任对线上购买意愿的影响中可能发挥着调节作用。

3.2　理论模型

　　基于实体零售自有品牌顾客线下体验、品牌信任、顾客线上购买意愿之间的互联关系,在梳理国内外学者已有相关研究成果的前提下,结合上述各变量之间的理论假设,构建实体零售自有品牌顾客线下体验对线上购买意愿作用机理的概念模型,如图3-1所示。伴随着互联网技术的蓬勃发展和电子商务的兴起,在新零售崛起和数字化营销的时代背景下,本书从自有产品体验、员工服务体验、智能化体验三个方面分析实体零售自有品牌顾客线下体验对自有品牌顾客线上购买意愿的影响作用,并探索品牌信任在零售自有品牌线下顾客体验和自有品牌线上顾客购买意愿之间的中介作用,在此基础上,本书尝试性地探讨了自有品牌熟悉度和在线评论两个变量的调节效应。

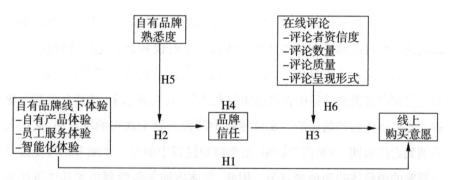

图3-1　实体零售自有品牌顾客线下体验对线上购买意愿作用机理的概念模型

4

研究设计

4.1 变量测量

4.1.1 自变量自有品牌线下体验测量

自有品牌线下体验的可操作性定义。顾客体验是消费者在消费场景中形成的一种直接感受和整体认知。体验营销时代和数字化经济背景下,顾客价值感知除了受质量价值、品牌形象价值、产品功效等因素影响之外,更容易受到顾客消费过程中直接感知的人员价值、服务水平、消费场景数字化程度等整体体验感的影响。实体零售中消费者处于现实的场景中,从进入店铺到走出店铺,甚至消费后期,整个消费过程中的每一个细节都可能影响到顾客的消费体验和消费行为。因此,实体店铺零售管理中尤其注重顾客的购物体验。基于此,结合前文顾客体验的概念和本书实际情况,本书将自有品牌线下顾客体验定义为:在实体零售店内,顾客与自有品牌产品、人员服务、自助设备、促销情景、店铺环境之间交互过程中形成的,感性和理性相结合的个体情绪、整体认知和综合评价。

自有品牌线下体验的测量量表。为了提高自有品牌线下体验变量测量的信度和效度,本书对该变量测量题项的筛选参考了国内外相关权威文献并采用国外文献频繁使用过或已多次在中国情景下通过验证的成熟量表。

本书主要借鉴 Terblanche 和 Boshoff(2006)、杨尊尊(2019)量表,在梳理现有顾客体验、顾客线下体验、自有品牌顾客体验文献资料的基础上,从自有产品体验(Self-owned Product Experience)、员工服务体验(Employee Service Experience)和智能购物体验(Intelligent Shopping Experience)三个维度进行实体零售自有品牌顾客线下体验变量测量。三个维度共设计 12 个题项,对实体零售自有品牌线下体验变量进行测量。

(1)自有产品体验。自有产品体验是消费者在实体零售自有品牌店内有关自有品牌产品的质量、品质、价位、品类、款式、包装等属性的整体感受和综合评价。与相对成熟的、广为认可的制造商品牌产品相比,自有品牌的产品体验是顾客在实体零售店内选购自有品牌商品整个过程中最关注的内容,也是影响顾客体验的核心要素。来自有品牌产品的质量、品质、品类、款式、价格、包装等对比优势会给顾客带来不一样的产品体验。为此,本书自有产品体验量表在重点借鉴 Terblanche 和 Boshoff(2006);Kerin、Jain 和 Howard(1992);郑鸿雁(2011);张国栋(2020)等学者相关研究的基础上,结合本书的具体情境进行适当调整,共设计了五个题项。自有产品体验变量测量采用李克特 7 级量表,共设计五个题项,被访者可根据同意程度的高低据实进行评分。有关自有产品体验测量题项和指标来源请参阅表 4-1。

表 4-1 自有产品体验测量题项和指标来源

变量维度	题项	指标来源
自有产品体验	SPE1 这家实体零售店自有商品质量很好	Terblanche 和 Boshoff(2006);Kerin、Jain 和 Howard(1992);郑鸿雁(2011);张国栋(2020)
	SPE2 这家实体零售店自有商品的品质和我预期的一样	
	SPE3 这家实体零售店自有商品的价格很实惠	
	SPE4 这家实体零售店自有产品种类丰富、式样多,可以为我提供多种选择	
	SPE5 这家实体零售店自有产品的包装精美,符合我的审美	

(2)员工服务体验。员工服务体验指实体零售店铺内自有品牌导购人员在与顾客交互、快速响应顾客需求、帮助顾客解决实际问题过程中给顾客

留下的服务意识、服务态度、服务水平、服务能力等员工职业素养方面的整体感受和综合评价。本书在借鉴国外学者 Terblanche 和 Boshoff(2006)及国内学者王梓键(2020)研究成果的基础上，结合本书的实际情景进行语言文字表述等个别细节调整而形成员工服务体验测量量表。员工服务体验变量测量同样采用李克特7级量表，共设计四个题项，被访者可根据同意程度的高低据实进行打分。该量表通过设计四个题项，从服务态度、服务意识、服务能力等方面测量顾客在实体零售店铺购买自有品牌产品过程中的员工服务感受。有关员工服务体验测量题项和指标来源请参阅表4-2。

表4-2 员工服务体验测量题项和指标来源

变量维度	题项	指标来源
员工服务体验	ESE1 这家实体零售店自有品牌区的导购员对顾客和蔼可亲，有礼貌	Terblanche 和 Boshoff(2006)；王梓键(2020)
	ESE2 这家实体零售店自有品牌区的导购员会关注我的个人需求	
	ESE3 这家实体零售店自有品牌区的导购员不会因为工作繁忙而忽视我的请求	
	ESE4 这家实体零售店员工愿意且能够随时给我提供帮助	

（3）智能化购物体验。随着互联网络和科学技术的蓬勃发展，为了顺应时代发展和提高实体零售的竞争力，实体零售企业不得不改变传统的零售模式和经营理念，积极推进店铺的数字化转型。数字经济时代背景下，实体零售店铺内的数字化营销活动和智能自助服务设施能够大大降低顾客的时间成本和精力成本，让顾客选购过程感受现代化技术水平和体验便利性的同时收获较高的满意度，有利于增加顾客的购物兴趣和购物效率，正向影响着顾客整体购物体验。智能化购物体验是指顾客在实体零售店铺消费前、消费中和消费后所能感受到的店铺的科技化程度。本书中智能化购物体验量表是在参考王先庆和雷韶辉(2018)、杨尊尊(2019)研究的基础上，结合当前实体零售具体情境并做出适当修改而形成的。智能化购物体验变量测量

采用李克特 7 级量表,共设计三个问项,被访者可根据同意程度的高低据实进行打分。该变量测量量表主要从产品数字化标签、扫码支付、智能自助设备三方面测量顾客在实体零售自有品牌店铺购物过程中的全新智能化感受。有关智能化购物体验测量题项和来源请参阅表 4-3。

表 4-3   智能化购物体验测量题项和指标来源

变量维度	题项	指标来源
智能化购物体验	ISE1 这家实体零售店的自有产品都有数字化标签,扫一扫即可了解产品信息	王先庆和雷韶辉 等（2018）；杨尊尊(2019)
	ISE2 在这家实体零售店购物后,可进行自助扫码支付,很方便	
	ISE3 这家实体零售店设有其他智能化设备,可让我更好地体验到购物乐趣,提高购物效率	

4.1.2 中介变量品牌信任测量

（1）品牌信任的可操作性定义。在买方市场条件下,随着电子商务带来的市场冲击,品牌信任成为当前国内线下实体零售企业吸引顾客、留下顾客、"黏住"顾客的重要手段。作为关系营销的一个关键构想（Morgan 和 Hunt,1994）,品牌信任是消费者基于品牌认知、品牌风险评估而对品牌、产品或服务发自内心产生的依赖,具体表现为两方面:一方面为顾客内在心理上主观愿意信赖和依赖该品牌或产品;另一方面为顾客外在行动上愿意选购该品牌或产品。因此,品牌信任是产品和顾客之间的润滑剂,也是维系长期顾客关系、稳定顾客品牌态度和塑造顾客忠诚度的关键环节,它对品牌忠诚有正向的影响作用(李晓丹,2014)。此外,品牌信任能够直接影响顾客购买意愿和消费决策行为。Delgado-Ballester(2003)认为品牌信任是关于品牌可靠性和消费者面临危险情况下品牌意图的自我预期。本书借鉴Delgado-Ballester的权威观点,并结合研究实际情景对实体零售自有品牌的品牌信任进行可操作性定义:实体零售自有产品的品牌信任指顾客认为实体零售企业诚实守信,专业能力强,其所提供的自有品牌的产品或服务都是可靠的、值得信赖的,笃定实体零售商会坚持以顾客利益至上为导向,当遭遇经营风险时,零售商是会优先考虑和保障顾客利益的。

(2)品牌信任变量的测量量表。为了提高品牌信任变量测量的信度和效度,本书对该变量测量题项的筛选参考了国内外相关权威文献并采用国外文献频繁使用过或已多次在中国情景下通过验证的成熟量表。Sirdeshmukh、Singh、Sobol(2002)和Mcknight、Choudhury、Kacmar(2002)等国外学者们均对品牌信任进行了深入研究,并开发出了品牌信任变量测量量表。Delgado-Ballester(2003)对品牌信任测量进一步展开深度探索性研究,从品牌可靠性和品牌意图两个维度开发品牌信任测量量表。以上学者所开发的品牌信任量表被国内外营销学领域的学者们普遍认可和广泛采用(Bailey,1999;Kimery和Mccord,2002;李晓丹,2015;杨尊尊、谢作渺,2021)。

本书中关于品牌信任变量的测量借鉴了 Sirdeshmukh 和 Singh(2002)、Mcknight 和 Choudhury(2002)等学者们的成熟量表,同时根据本书研究的目的和对象,对测量题项语言表述进行针对性的调整与变通,以便更加符合研究的测量要求和语言表达习惯。该量表采用李克特7级量表,共设计出三个问项,以此来测量被访者对实体零售自有产品品牌信任的基本情况。被访者可根据同意程度的高低据实进行打分。每个问项打分的分值越高,则表明被访者对实体零售自有产品的品牌信任度越高;反之,问项打分的分值越低,则说明被访者对实体零售自有产品的品牌信任度越低。有关品牌信任变量测量题项和指标来源请参阅表4-4。

表4-4 品牌信任变量测量题项和指标来源

测量变量	题项	指标来源
品牌信任	BT1 我觉得该实体店自有品牌是可靠的	Sirdeshmukh 和 Singh(2002); Mcknight 和 Choudhury(2002); 杨尊尊(2019)
	BT2 我觉得该实体店自有品牌是很有竞争力的	
	BT2 我觉得该实体店自有品牌不仅关注品牌利益,也更加重视顾客利益	

4.1.3　结果变量线上购买意愿测量

（1）线上购买意愿变量的可操作性定义。意愿一词最早出现在心理学领域。购买意愿是消费者购买特定产品或服务的主观概率和可能性，代表着消费者心理层面上执行特定购买计划的倾向性，是预测消费者购买行为的重要指标。从线下转移到线上，在虚拟网购背景下，顾客线上购买意愿俨然已成为顾客产生线上购买行为的"前奏"和关键环节。因此，自有品牌线上顾客购买意愿直接影响着消费者对在线零售自有品牌商品的购买决策和购买行为。本书认为自有品牌线上购买意愿是顾客通过在线下实体零售店铺获取良好的自有品牌产品购物体验后，在网络平台购买零售商自有产品的主观倾向和可能性，以及将来仍愿意继续光顾并推荐该零售自有品牌线上店铺并与该线上零售商保持良好互动关系的意向。

（2）线上购买意愿变量的量表设计。为了提高线上顾客购买意愿变量测量的信度和效度，本书对该变量测量题项的筛选参考了国内外相关权威文献并采用国外文献频繁使用过或已多次在中国情景下验证的成熟量表。本书对自有品牌线上购买意愿变量的测量主要借鉴 Dodds 和 William（1991）的成熟量表，同时结合本书的研究目的，参考了 Veronica et al.（2009）、尹世久（2008）、吴锦峰（2014）、薛龙彬（2016）等学者的线上顾客购买意愿的测量工具。根据研究具体情景和语言习惯，对每个问项语言表示进行了合理化、针对性的修改和完善。该变量测量采用李克特 7 级量表，共设计三个问项。被访者可根据同意程度的高低不同对问项进行打分。每个问项打分的分值越高，则表明被访者自有品牌产品线上购买意愿越强烈；反之，每个问项打分的分值越低，则说明被访者自有品牌产品线上购买意愿越微弱。有关自有品牌产品线上购买意愿变量测量题项和指标来源请参阅表 4-5。

表4-5　自有品牌线上购买意愿变量测量题项和指标来源

测量变量	题项	指标来源
线上购买意愿	OPI1 如果有需求,我会网上购买该零售商自有品牌商品	Dodds 和 William(1991);尹世久(2008);Veronica et al.(2009)
	OPI2 我很愿意去网上购买该零售商自有品牌商品	
	OPI3 我很乐意把该零售商网上店铺推荐给我的亲朋好友	

4.1.4　调节变量在线评论测量

(1)在线评论可操作性定义。查阅现有文献发现,国内外学者对在线评论内涵的阐述尚未达成共识。基于不同角度和思路,学者有关在线评论定义的表述各不相同,并根据实践发展和研究情景不同,不断丰富、完善在线评论的内涵和外延。通常在线评论具有以下几个特征:首先,在线评论是已购或已用消费者的主动的信息分享;其次,在线评论是消费者的在线消费体验的主观反馈;再次,在线评论是基于虚拟网络平台的、对有关产品或服务或企业品牌的态度、意见或评价;最后,在线评论对于潜在消费者全面了解并熟悉意向产品或服务具有较高的参考价值。基于此,本书认为在线评论是消费者在企业官网、第三方评论网站、个人网页或新型社交媒体等各种网络媒介上主动发布的、对已购或使用过的产品、服务和企业品牌的综合意见、看法或态度。在线评论可以是正面的激励信息,也可以是负面的警示信息,呈现顾客的使用体验,它是潜在消费者搜集有关产品或企业信息的重要来源之一,也是潜在消费者全方位了解产品质量、款式、服务、功能等属性的重要方法,对潜在消费者科学制定线上购买决策具有重要参考价值。

(2)在线评论变量的量表设计。为了提高在线评论变量测量的信度和效度,本书对该变量测量题项的筛选参考了国内外相关权威文献并采用国外文献频繁使用过或已多次在中国情景下通过验证的成熟量表。本书借鉴张玉林(2021)对在线评论维度划分方法,从评论者资信度(DRQ)、评论数量(RAM)、评论质量(RQU)和评论呈现形式(PFR)四个维度对在线评论变量进行测量。以上有关在线评论的四个维度均借鉴当前较为成熟的测量量表。其中评论者资信度维度测量借鉴 Park(2007)和郑小平(2008)的量表,从在线评论者信用等级、在线评论者对自有品牌及其产品的熟悉程度、在线评论者个人信息披露程度三个题项进行测评;评论数量维度测量借鉴 Chen 等(2007)和 Park、Lee 和 Han 等(2007)开发的量表,从自有品牌产品的在线关注数量、自有品牌产品的评论者数量、自有品牌产品的累计评论数量和自有品牌产品的获赞评论数量四个方面进行测评;评论质量主要借鉴郑小平(2008)设计的量表,从评论内容与自有品牌产品关联程度、通俗易懂程度、真实可靠程度和有用性程度四个方面进行测评;评论呈现形式测量则借鉴张继戈(2020)、陆璐(2018)和张玉林(2021)的量表,将文字、图片、视频、追评四种呈现形式进行自由组合成两种评论呈现形式、三种评论呈现形式和四种评论呈现形式,以对在线评论呈现形式的丰富度进行测量。各个维度测量量表是在借鉴学者们已有成熟量表基础上,根据研究具体情境进行文字、语言习惯等方面的细微调整而形成的。该变量测量采用李克特 7 级量表,共设计 14 个题项。被访者可根据同意程度的高低进行打分。有关在线评论变量的测量题项和指标来源请参阅表4-6。

表4-6 在线评论变量的测量题项和指标来源

测量变量	题项	指标来源
评论者资信度	DRQ1 在线评论者非常熟悉该自有品牌产品的相关知识	Park(2007);郑小平(2008)
	DRQ 2 在线评论者信用等级高	
	DRQ 3 在线评论者个人信息披露程度大	
评论数量	RAM 1 该自有品牌产品获得较多关注	Chen 等(2007)和 Park、Lee 和 Han 等(2007)
	RAM 2 该自有品牌产品的评论者很多	
	RAM 3 该自有品牌产品累计评论数量较多	
	RAM 4 该自有品牌产品获赞评论数量较多	

续表 4-6

测量变量	题项	指标来源
评论质量	RQU 1 评论内容与自有品牌产品是密切相关的	郑小平（2008）
	RQU 2 评论是容易理解的	
	RQU 3 评论是真实可靠的	
	RQU 4 评论提供了大量有用的自有品牌信息	
评论呈现形式	PFR 1 在线评论是文字、图片、视频、追评等形式中的两种	张继戈（2020）；陆璐（2018）；张玉林（2021）
	PFR 2 在线评论是文字、图片、视频、追评等形式中的三种	
	PFR 3 在线评论是文字、图片、视频、追评等形式中的四种	

4.1.5　调节变量自有品牌熟悉度测量

（1）自有品牌熟悉度可操作性定义。自有品牌熟悉度一方面表现在直接或间接地对自有品牌已有信息的了解与掌握,另一方面也体现在对自有品牌已有信息的加工与创造等相关自有品牌联想。在查阅相关文献基础上,本书将自有品牌熟悉度（Private Brand Familiarity）定义为:顾客日常生活中获取的某自有产品或某自有品牌的间接经验和直接体验的数量和接触该自有产品或自有品牌的频繁程度及有关自有产品或自有品牌的品牌联想。它反映顾客对自有产品或自有品牌了解和理解的程度、留存记忆和交互频率、加工和选择自有品牌或自有产品信息的积极性,也是顾客评价自有产品或自有品牌质量的重要参照指标。

（2）自有品牌熟悉度变量的量表设计。为了提高自有品牌熟悉度变量测量的信度和效度,本书对该变量测量题项的筛选参考了国内外相关权威文献并采用国外文献频繁使用过或已多次在中国情景下通过验证的成熟量表。本书中有关自有品牌熟悉度变量的测量,主要借鉴了 Keller（1990）、Simonin B. L. 和 Ruth J. A.（1998）和石鹤燕（2018）等国内外学者相对较为成熟的量表,同时结合本书具体研究情境对各题项语言表述进行适当修正而形成的。该变量测量采用李克特7级量表,共设计三个题项,包括"我能经常看见该自有品牌的产品或形象的广告""我能经常看到陈列或售卖该自有品牌的产品""我能常听到亲朋好友们谈论或推荐该自有品牌产品"。被访者可根据同意程度的高低据实进行打分。有关自有品牌熟悉度变量的测量题项和指标来源请参阅表4-7。

表4-7　自有品牌熟悉度变量的测量题项和指标来源

测量变量	题项	指标来源
自有品牌熟悉度	PBF 1 我能经常看见该自有品牌的产品或形象的广告	Keller（1990、2003）; Simonin B. L. 和 Ruth J. A.（1998）; 石鹤燕（2018）
	PBF 2 我能经常看到陈列或售卖该自有品牌的产品	
	PBF 3 我能常听到亲朋好友们谈论或推荐该自有品牌产品	

此外,我们在本书研究项目的分析中控制了可能对实体零售自有品牌线下顾客体验、品牌信任、自有品牌线上顾客购买意愿等变量产生影响的一系列个体特征,包括性别、职业、年龄、收入和受教育水平等。

4.2　问卷设计

本书研究设计量表对各个变量的测量均借鉴李克特7级量表,每个被试者可以通过勾选各个题项后的数字直观表达其对该测项的同意程度。其中,1表示非常不同意;2表示不同意;3表示比较不同意;4表示一般;5表示比较同意;6表示同意;7表示非常同意。本问卷共分为四个模块:第一模块由问卷卷首语和关键概念两部分构成,其中卷首语对本次问卷调查目的、调查对象、调查用途、调查方式和答题时间及被访者个人信息安全给予详细说明,以吸引被访者的注意力和兴趣,提高被访者的配合度和问卷回收率;同时基于当前国内自有品牌发展度和认知度较低的客观事实,问卷中特意增设关键概念部分,旨在较为全面、生动、透彻地介绍零售自有品牌的概念,以方便被访者清楚、准确地理解零售自有品牌内涵,以减少无效问卷,提高问卷的有效率,确保问卷回收信息的高质量。第二模块为过滤部分,共设计三个过滤题,从"您是否购买过自有品牌产品?""您是否在实体零售店内购买过自有品牌产品?""你曾经在以下哪家实体店购买过自有品牌产品?"三个问题完成对被调查者身份的甄别,使参与问卷作答的被访者确实属于本次调查对象,以保证样本选择的准确性,减少无效问卷和干扰数据。第三模块为被访者的背景资料部分,主要涉及年龄、性别、受教育程度、职业、月收入等主要人口统计资料和实体零售自有品牌选购的个人偏好,共设计六个题项。第四模块属于调查问卷的主体部分和核心内容,对顾客实体零售店内购买自有品牌的消费体验引发自有品牌线上购买意愿进行消费感受和消费心理的测量。

被访者根据个人自有品牌产品购物经历,从产品体验、服务体验和智能化体验三个维度(共设计 12 个题项)对实体零售自有品牌顾客线下体验变量进行打分,分值越高,则表示被访者同意程度越高,在实体零售店内顾客的自有品牌购物体验越好。被访者根据个人的自有品牌购物经历对自有品牌熟悉度变量(共设计三个题项)、线上购买意愿变量(共设计三个题项)和品牌信任变量(共设计三个题项)分别进行打分,分值越高,则表示被访者对各变量测量结果的同意程度越高,即顾客对自有品牌熟悉度越高、自有品牌产品线上购买意愿越强烈、自有品牌信任度越高。同时,被访者结合个人的自有品牌购物经历从评论者资信度、评论数量、评论质量、评论呈现形式四个维度(共设计 14 个题项)对在线评论变量进行打分,分值越高,则表示被访者对在线评论变量及其四个维度测量结果的同意程度越高,即被访者认为在线评论者资信度越高,在线评论信息数量越庞大,在线评论质量越高,在线评论呈现形式越丰富。

4.3　问卷前测

4.3.1　问卷前测实施

采用问卷调查法收集数据并进行实证研究,关键要确保调查工具即调查问卷的质量。为确保问卷工具收集信息能较好地解决研究问题,通常情况下,在实施正式大规模访问调查之前,需要设计问卷前测环节,即预调查。本书预调查工作在 2021 年 11 月 20 日—2021 年 12 月 10 日进行,历时 20 天,通过网上虚拟访问和线下实体店拦截式访问相结合的方式实施问卷的发放和回收。本次预调查线上问卷调查依托问卷星平台设计电子问卷,借助 QQ、微信等个人社交平台,以滚雪球方式,完成问卷在线发放和自动回收;线下问卷主要由四名在读硕士研究生携带问卷分别前往所在地的永辉超市、屈臣氏、优衣库、苏宁电器等不同行业的实体零售自有品牌店内完成问卷发放与回收,线上线下共回收问卷 113 份。通过对回收问卷的初步整理和数据审查,发现其中有 15 份问卷出现过滤题部分逻辑前后矛盾、问卷中每个题项选项数值高度趋同、问卷多题未作答等系列问题,这 15 份问卷被认定为无效问卷,并予以剔除。本次前测问卷有效问卷 98 份,有效率达到 86.7%,据此有效问卷的原始调查数据进行后续的定量分析。

4.3.2　前测问卷信度检验

信度是测量调查结果可靠程度的指标,即测量结果的一致性或稳定性。信度从宏观整体视角考察整个量表或整个维度的一致性。为了确保工具量表的可靠性和稳定性,首先要对量表信度进行检验,信度越高的量表,通常可靠性和稳定性也越高。简而言之,量表信度是指被访者能否依据样本个体的实际情形客观地、逐一地回答调查问卷中各个测量题项的问题。

通常情况下,量表信度主要有 Cronbach's Alpha 系数、重测检验信度、折半信度和复本信度四种分析方法,但由于重测检验信度分析法和复本信度分析方法在实际实施和操作应用中相对比较复杂,且非常容易受到其他客观条件的影响,因此,国内学者们普遍采用克朗巴哈系数(Cronbach's a 值)和折半信度两种方法。本书采用克朗巴哈系数(Cronbach's a 值)衡量量表的可靠性。本书运用社会学统计软件 SPSS 25.0 通过计算克朗巴哈系数(Cronbach's a 值)来衡量前测问卷量表变量信度和各维度信度。克朗巴哈系数(Cronbach's a 值)通常介于 0～1,a 数值越大,越接近于 1 时,表明量表信度越好,内部一致性、可靠性和准确性越强;反之,a 数值越小,越接近于 0 时,则表明量表信度越差,内部一致性、可靠性和准确性越弱。一般情况下,当 Cronbach's a 值<0.5 时,表明整个量表或某个维度非常不理想,信度不好,测量结果不可信,应舍弃不用;当 0.5≤Cronbach's a 值<0.6 时,表明整个量表不理想,信度不好,不可信,需要重新编制或修改,若是测量某一维度,则表明该维度可以接受,但需增列题项或修改语句;当 0.6≤Cronbach's a 值<0.7 时,表明整体量表勉强可以接受,最好增列题项或修改语句,若是对某一维度的测量,则表明该维度尚佳,基本可信;当 0.7≤Cronbach's a 值<0.8 时,表明量表整体和各维度可以接受,信度很好;当 0.8≤Cronbach's a 值<0.9 时,表明量表整体理想,信度较高,若是对某一维度的测量,则表明该维度甚佳或理想,信度很高;当 Cronbach's a 值≥0.9 时,表明量表整体和各维度均非常理想,信度非常高。在实际研究中,量表或维度 Cronbach's a 值>0.7 即可认为具有很好的信度,是可靠的。

本书运用 SPSS 25.0 软件计算克朗巴哈系数(Cronbach's a 值),对李克特量表中五个变量信度和各维度信度进行检验。除去过滤问题和背景问题,验证问卷主体五大变量、35 个题项的结果显示,问卷整体 Cronbach's a 值为 0.984,量表整体非常理想,可信度很高。

表4-8 前测问卷信度分析结果

变量	潜变量	题项数	Cronbach's a 值
自有品牌线下体验	产品体验	5	0.916
	服务体验	4	0.915
	智能化体验	3	0.902
		12	0.973
在线评论	评论者资信度	3	0.870
	评论数量	4	0.947
	评论质量	4	0.887
	评论呈现形式	3	0.902
		14	0.966
品牌信任		3	0.839
线上购买意愿		3	0.925
自有品牌熟悉度		3	0.936

如表4-8所示,自有品牌顾客线下体验变量Cronbach's a 值为0.973,其中产品体验维度、服务体验维度和智能化体验维度的Cronbach's a 值依次为0.916、0.915、0.902,各维度Cronbach's a 值均超过0.9,该变量整体和各维度均非常理想,信度非常高;在线评论变量Cronbach's a 值为0.966>0.9,该变量整体非常理想,可信度非常高,其中评论者资信度维度、评论数量维度、评论质量维度和评论呈现形式维度的Cronbach's a 值依次为0.870、0.947、0.887、0.902,位于0.870~0.947之间,表明该变量各维度可信度很高,其中评论者资信度和评论质量两个维度甚佳或理想,信度很高,而评论数量和评论呈现形式这两个维度则均非常理想,可信度非常高;品牌信任变量的Cronbach's a 值为0.839>0.8,说明该变量量表整体理想,信度较高,较可靠;线上购买意愿和自有品牌熟悉度两个变量的Cronbach's a 值依次为0.925、0.936,均超过0.9,表明这两个变量的测量量表非常理想,信度和可靠度非常高。

4.3.3 前测问卷效度检验

通常情况下,量表通过信度检验之后,需要对其效度进行衡量。效度主要分析量表的建构效果,用于检验测量结果的有效性、准确性,即检验量表工具确能测量出所要测量变量的程度。效度是确保量表科学性的必备要件,与研究目标密切相关。与信度考察量表宏观整体的可靠性不同,效度考察的是量表每个题项的能效性,即每个题项对量表是否发挥着重要作用。通常量表的效度检验主要通过 KMO 值和 Bartlett 球型检验两个指标来衡量。学者们普遍认为,当 KMO≥0.6 时,适合做因子分析;反之,当 KMO<0.6 时,则不适合做因子分析。同时当 Bartlett 球型检验显著性水平 p 值≤0.01 时,表明通过检验,适合做因子分析;反之,当 Bartlett 球型检验显著性水平 p 值>0.01 时,则说明未通过检验,不适合做因子分析。本书前测问卷量表的 KMO 值均>0.7,Bartlett 检验显著性概率(p=.000)均<0.01,表明适合做因子分析。前测量表 KMO 和 Bartlett 球型检验结果,如表4-9 所示。

表4-9 前测量表 KMO 和 Bartlett 球型检验结果

KMO 和 Bartlett 球型检验		自有品牌线下体验	线上购买意愿	品牌信任	在线评论	自有品牌熟悉度
KMO		.955	.763	.700	.924	.759
Bartlett 球型检验	近似卡方	1718.284	221.426	71.719	1412.045	251.787
	自由度(df)	136	3	2	91	3
	显著性(sig)	.000	.000	.000	.000	.000

对自有品牌线下体验进行主成分分析,发现题项 CE 产品体验5 在不同维度的共同因素负荷量均>0.5,属于"万能型"因子,综合考虑,给予删除处理。删除"万能型"因子后,自有品牌线下检验变量旋转后成分矩阵情况如表4-10 所示。

从表4-10 中可以看出,自有品牌线下体验共抽取了智能化体验、员工服务体验和自有品牌产品体验三个公共因子,且每个因子负荷量均>0.5,表明该测量量表的构想与本书的研究相符,且这三个主成分因子经过旋转后可解释 82.634% 的变异量。由此可见,自有品牌线下顾客体验撷取优化后保留的元素效度理想。

表4-10　自有品牌线下体验变量旋转后成分矩阵

	成分		
	1	2	3
CE 智能化体验 1	.793		
CE 智能化体验 3	.765		
CE 智能化体验 2	.695		
CE 员工服务体验 2		.685	
CE 员工服务体验 3		.609	
CE 员工服务体验 4		.609	
CE 员工服务体验 1		.514	
CE 自有品牌产品体验 3			.820
CE 自有品牌产品体验 4			.705
CE 自有品牌产品体验 2			.592
CE 自有品牌产品体验 1			.546

　　另外,通过品牌信任、自有品牌线上购买意愿和自有品牌熟悉度成分矩阵,如表4-11所示,品牌信任、自有品牌线上购买意愿和自有品牌熟悉度分别获得一个主成分,并且品牌信任、自有品牌线上购买意愿、自有品牌熟悉度的因子载荷量均超过 0.9,则表明量表与本书的研究非常相符。与此同时,品牌信任主成分能解释86.335%的变异量,自有品牌线上购买意愿主成分能解释87.031%的变异量,自有品牌熟悉度主成分能解释88.858%的变异量,均处于较高的贡献水平,量表较为理性。

表 4-11　品牌信任、自有品牌线上购买意愿和自有品牌熟悉度成分矩阵

品牌信任	成分	自有品牌线上购买意愿	成分	自有品牌熟悉度	成分
	1		1		1
BT 品牌信任 2	.929	PI 自有品牌线上购买意愿 3	.938	PBF 自有品牌熟悉度 1	.956
BT 品牌信任 1	.919	PI 自有品牌线上购买意愿 2	.936	PBF 自有品牌熟悉度 3	.939
BT 品牌信任 3	.902	PI 自有品牌线上购买意愿 1	.925	PBF 自有品牌熟悉度 2	.933

此外,对变量在线评论同样也进行主成分分析。分析结果如表 4-12 所示,在线评论量表共抽取评论者资信度、评论数量、评论质量和评论呈现形式四个公共因子,且每个因子载荷量均超过 0.563,这表明量表与本书的研究基本相符合。另外,通过旋转后,在线评论平方和载入为 84.23%,这表明评论者资信度、评论数量、评论质量和评论呈现形式这四个公共因子可解释 84.23% 以上的变异量,也证明了在线评论撷取后保留下的因子元素较为理想。

表 4-12　在线评论旋转后成分矩阵

	成分			
	1	2	3	4
OR 评论质量 2				.761
OR 评论质量 1				.753
OR 评论质量 3				.751
OR 评论质量 4				.678
OR 评论数量 4	.724			
OR 评论数量 3	.600			
OR 评论数量 1	.578			
OR 评论数量 2	.573			
OR 评论呈现形式 1		.804		

续表 4-12

	成分			
	1	2	3	4
OR 评论呈现形式 2		.801		
OR 评论呈现形式 3		.571		
OR 评论者资信度 3			.825	
OR 评论者资信度 1			.634	
OR 评论者资信度 2			.563	

撷取方法：主体元件分析。

旋转方法：具有 Kaiser 正规化的最大变异法。

a. 在 8 迭代中收敛循环。

4.4 正式问卷调查实施

问卷前测结果显示，各变量测量工具具有良好的信度和效度，在对自有品牌线下体验变量第五个题项进行删减处理和个别题项文字表述修改后形成最终版调查问卷。本书的研究正式调查时间为 2021 年 12 月 26 日—2022 年 2 月 15 日，历时 52 天。为了扩大调查对象范围，打破调研的地域局限性，提高调查数据分析结果的普适性，本次调查主要通过线上和线下结合的方式实施问卷的发放和回收。其中线上调查主要依托问卷星平台制作电子问卷，借助 QQ 群、QQ 邮箱、微信朋友圈、微信群等个人社交平台和问卷星专业调研平台，以滚雪球方式抽取样本和扩大样本量，通过红包奖励吸引被访者填写问卷并在线提交问卷，完成问卷的自动回收；线下问卷主要由前期熟悉调研课题的四名在读研究生携带问卷前往当地的永辉超市、屈臣氏、张仲景大药房、苏宁电器、盒马鲜生、优衣库等不同行业的自有品牌零售实体店内进行一对一拦截式访问，共回收调查问卷 300 份。通过对回收问卷的整理和问卷数据的审查发现，其中有 30 份问卷存在过滤题逻辑前后矛盾、填写答案高度一致、大部分问题未作答、答题时间不足 90 秒等系列问题,被认定为无效问卷,并予以剔除,通过去粗取精、去伪存真,最后保留 270 份有效问卷,本次回收问卷有效率高达 90%。本书后续的一系列定量分析主要基于此 270 份有效问卷所收集的数据。

4.5　调查对象

在互联网大发展背景下和电子商务的兴起,实体零售受到极大冲击。伴随着新零售的崛起,实体线下和虚拟线上的双线深度融合已成为当前我国零售业可持续发展的必由之路。本书以自有品牌线下体验为自变量、自有品牌线上购买意愿为因变量,从消费者购买行为的视角,探讨实体零售自有品牌顾客线下体验对顾客线上购买意愿产生影响的作用机理。基于此,本书调查对象主要是那些拥有在实体零售店铺内购买自有品牌产品经历的消费者。基于目前国内零售自有品牌起步较晚,自有品牌产品在市场中所占份额整体不高、顾客熟悉度偏低的现状,为精准抽样、高效甄别被调查者,问卷设计中对自有品牌的内涵进行详细介绍,并通过生动形象的举例给予通俗易懂地诠释、说明,同时借助三个过滤题项,精准锁定调查对象,提高回收问卷有效率。问卷调查过程中:一方面,通过在线问卷星编制电子问卷,借助 QQ 群、QQ 邮箱、微信朋友圈、微信群等个人社交平台,以滚雪球方式,将问卷链接或二维码推送给被访者,确保被访者覆盖国内大部分省份城市,突破线下样本的地域局限性;另一方面,利用个人人脉关系,精选四名在读研究生携带问卷分别前往所在城市的永辉超市、屈臣氏、优衣库、国美电器、沃尔玛、大润发、新玛特等不同行业的自有品牌零售实体店进行线下一对一访问,通过浏览购物小票等手段,最大限度地精准锁定被访者,提高问卷回收率和有效性。

运用软件 SPSS 25.0 版本进行有效样本的频数统计分析。根据数据统计结果(表 4-13)发现调查对象具有如下特征。

从样本性别结构看,调查样本中绝大多数是女性,男性相对较少,分别占有效样本总量的63%和37%,这与日常商场和超市购物中女性偏多、男性偏少的现实情况基本吻合。

表4-13 有效样本频数汇总

变量	指标	频率	百分比(%)
性别	女	170	63.0
	男	100	37.0
年龄	20岁以下	25	9.3
	21~30岁	89	33.0
	31~40岁	104	38.5
	41~50岁	43	15.9
	50岁以上	9	3.3
受教育程度	小学及以下	3	1.1
	初中	2	0.8
	高中	16	5.9
	大专	16	5.9
	本科	129	47.8
	硕士及以上	104	38.5
职业	政府机关工作人员	6	2.2
	事业单位员工	87	32.2
	企业单位职工	62	23.0
	个体户	11	4.1
	学生	53	19.6
	农民	1	0.4
	自由职业者	18	6.6
	其他	32	11.9

续表4-13

变量	指标	频率	百分比(%)
月收入	2000元以下	50	18.5
	2000~4000元	43	15.9
	4000~6000元	63	23.4
	6000~8000元	44	16.3
	8000~10 000元	39	14.4
	10 000~13 000元	14	5.2
	13 000~16 000元	5	1.9
	16 000元以上	12	4.4
自有品牌偏好	盒马鲜生	72	26.7
	永辉超市	126	46.7
	张仲景大药房	88	32.6
	沃尔玛超市	108	40.0
	国美电器	49	18.1
	屈臣氏	130	48.1
	大润发	70	25.9
	新玛特超市	56	20.7
	苏宁电器	64	23.7
	优衣库	98	36.3
	地方本土零售自有品牌店	87	32.2
	其他	35	13.0

从年龄结构看,样本中20岁以下的被访者占有效样本总量的9.3%,21~30岁被访者占有效样本总量的33.0%,31~40岁被访者占有效样本总量的38.5%,41~50岁被访者占有效样本总量的15.9%,50岁以上被访者仅占有效样本总数的3.3%。由此可见,样本年龄主要集中在21~40岁,约占样本总量的71.5%,自有品牌消费群体集中在中青年群体,趋于年轻化。这表明,自有品牌及产品在中青年群体中普遍受到欢迎和认可。这与中青年群体的文化素养高、社会学习力强、经济购买力适中、追求性价比等基本特征相符合。

　　从受教育程度看,调查样本中有大专及以下学历的人偏少,占有效样本总量的13.7%,而被访者绝大多数为本科及以上学历,约占有效样本总量的86.3%,这与我国当前教育普及率提高、消费者品牌意识增强的客观实际相符,也反映了自有品牌产品更容易受高学历群体的认可和青睐。

　　从职业分布来看,调查样本主要来自事业单位工作人员、企业单位员工和学生群体三种职业类型,三类职业样本在有效样本总量中占比依次为32.2%、23.0%、19.6%,约占有效样本总体的74.8%,其他职业样本占比较少。

　　从月收入分布情况看,调查样本中低收入者居多、高收入者较少,其中月收入在4000~6000元的人数最多,占有效样本的23.4%;月收入2000元以下人数约占有效样本总数的18.5%;月收入在6000~8000元、2000~4000元两个区间的人数分别约占有效样本总数的16.3%、15.9%;而月收入在10 000元及以上的人数仅占总调查样本量的11.5%。样本的整体月收入分布情况与样本职业结构基本保持一致,也与相较于生产商品牌,自有品牌更具价格优势的客观情况相符。

　　从众多国内外知名度较高的自有品牌偏好的调查统计数据可看出,调查样本经常光顾的实体零售自有品牌店中排名前两位的是屈臣氏和永辉超市,占有效样本总量的比例分别为48.1%、46.7%,与之媲美的国外自有品牌零售商是沃尔玛(40%)和优衣库(36.3%)。这与以上四家国内外零售商引入自有品牌时间较长、自有品牌发展成熟、自有品牌产品组合体量较大的客观事实相符合。调查样本对张仲景大药房和地方本土零售自有品牌店的品牌偏好处于中等水平,占有效样本总量的比例分别为32.6%、32.2%。这与张仲景大药房和地方本土零售商自有品牌开发度和宣传度双低的客观现实符合。调查样本对盒马鲜生、大润发等较为成熟的自有品牌有一定的偏好,分别占样本总数的26.7%、25.9%。这与盒马鲜生、大润发等零售商线下布局一、二线城市和线下问卷的地域局限性有直接关系。而调查样本中曾光顾苏宁电器、新玛特和国美电器等店铺选购自有品牌的样本偏少,均占总样本量的20%左右,这与苏宁、新玛特和国美等店铺自有品牌起步晚、知名度低、品类少、自有产品在总产品类目中占比低等因素密不可分。

5

实证结果分析

为确保调查工具的可靠性和有效性,本书正式调查之前进行了问卷预调查,首先通过线上和线下发放问卷113份,通过问卷审核剔除15份无效问卷,保留有效问卷98份,并运用社会学统计软件 SPSS 25.0 进行信度和效度检验。检验结果显示,所有变量的克朗巴哈系数(Cronbach's a 值)均>0.8,其中除个别变量的克朗巴哈系数在 0.8~0.9 之间外,其余所有变量 Cronbach's a>0.9,表明各变量和维度的测量量表整体可靠性良好;同时本书所涉及变量的 KMO 值均>0.7 且 Bartlett 检验显著性概率 p 值均<0.01,表明各变量测量量表具有良好的效度。然后依托问卷星平台重新修订完善电子问卷,通过互联网虚拟网调和自有品牌店铺内线下拦截式访问两种调查方式实施正式问卷发放,并采用设置红包答谢和赠送小礼品的方式吸引被调查者接受访问,配合完成问卷填报,提高问卷回收率。本次正式调查共回收问卷300份,其中按照作答前后存在明显逻辑错误、连续多个题项答案高度一致、大面积问题未作答和作答时间不足 90 秒等标准判定问卷的有效性,共过滤掉30份无效问卷,最终保留270份有效问卷,有效率90%。

5.1 描述性统计分析

本书的研究中量表均采用七级评分法,因此中位数为4,有效问卷270份。运用SPSS 25.0 版本软件完成变量描述性统计分析。各变量和潜变量的描述性数据,如表5-1所示。

表5-1　各变量的描述性统计分析

变量	样本量	最小值	最大值	平均值	标准偏差	方差	变异数
SPE	270	1.00	7.00	5.19	1.12	1.25	0.22
ESE	270	1.00	7.00	5.16	1.12	1.26	0.22
ISE	270	1.00	7.00	5.21	1.23	1.51	0.24
BT	270	1.00	7.00	5.36	1.12	1.25	0.21
PI	270	1.67	7.00	5.26	1.20	1.45	0.23
DRQ	270	1.00	7.00	5.01	1.16	1.36	0.23
NOR	270	1.00	7.00	5.09	1.11	1.23	0.22
QOR	270	1.00	7.00	5.20	1.07	1.15	0.21
FOR	270	1.00	7.00	5.14	1.18	1.40	0.23
PBF	270	1.00	7.00	5.10	1.19	1.41	0.23

注:变异系数根据公式 CV=(标准偏差 SD/平均值 Mean)＊100% 计算。

由表5-1的数据可以看出,自有产品体验(SPE)的均值和标准偏差为5.19±1.12,员工服务体验(ESE)的均值和标准偏差为5.16±1.12,智能化购物体验(ISE)的均值和标准偏差为5.21±1.23,品牌信任(BT)的均值和标准偏差为5.36±1.12,自有品牌线上购买意愿(PI)的均值和标准偏差为5.26±1.20,评论者资信度(DRQ)的均值和标准偏差为5.01±1.16,在线评论数量(NOR)的均值和标准偏差为5.09±1.11,在线评论质量(QOR)的均值和标准偏差为5.20±1.07,评论呈现形式(FOR)的均值和标准偏差为5.14±1.18,自有品牌熟悉度(PBF)的均值和标准偏差为5.10±1.19。因此,从整体上看,问卷各变量和潜变量均值 Mean 近似于5,样本对各题项的态度基本处于"比较同意"状况,标准偏差较小,位于1.05~1.23,同时变异数也较小,处于0.21~0.24,表明数据离散程度偏低。

5.2 量表信效度检验

5.2.1 量表信度检验

信度,即可信性和可靠性,是一个测量学概念,也是一个关于测量可靠性和一致性的测度值。它是指运用同样的方法对同一组调查对象重复测量后前后所得结果的一致性或稳定性程度。该指标用来衡量测量结果的可信程度。克朗巴哈系数(Cronbach's a)是一个可靠性测度值,也是目前最常用的信度系数。它代表着调查真实可靠性的下限,评价量表中各题项得分之间的一致性,归属于内部一致性系数。Cronbach's a 常用于有关心理态度评定的各种量表和测验性调查问卷的可靠性分析。通常情况下,总量表的信度系数最好在0.8以上,0.7~0.8也是可以接受的;分量表的信度系数在0.7以上,0.6~0.7还可以接受。如果 Cronbach's a<0.6,则意味着不被接受,需要考虑重新开发问卷。

本书所涉及变量和潜变量的信度结果如表5-2所示。自变量自有品牌线下体验三个测量维度自有产品体验(SPE)、员工服务体验(ESE)和智能化购物体验(ISE)的 Cronbach's a 系数依次为0.939、0.942、0.908,各维度Cronbach's a 系数均>0.9,表明自有品牌线下体验测量数据均非常理想,信度非常高。同时因变量自有品牌线上购买意愿(PI)、变量品牌信任(BT)和变量自有品牌熟悉度(PBF)的 Cronbach's a 系数分别为0.943、0.944 和0.932,三个变量的 Cronbach's a 系数均>0.9,同样表明自有品牌线上购买意愿、品牌信任和自有品牌熟悉度三个变量的测量数据也非常理想,信度非常高。此外,调节变量在线评论四个维度评论者资信度(DRQ)、在线评论数量(NOR)、在线评论质量(QOR)和评论呈现形式(FOR)的 Cronbach's a 系数依次为0.913、0.965、0.944、0.940,Cronbach's a 系数均>0.9,这说明调节变量在线评论测量数据同样非常理想,信度非常高。综上所述,本书所涉及的所有变量和潜变量数据测量信度系数非常理想,可信度和可靠度非常高。

表5-2　变量量表信度检验结果一览表

变量量表	Cronbach's a	N of Items
自有产品体验(SPE)	0.939	4
员工服务体验(ESE)	0.942	4
智能化购物体验(ISE)	0.908	3
品牌信任(BT)	0.944	3
自有品牌线上购买意愿(PI)	0.943	3
评论者资信度(DRQ)	0.913	3
在线评论数量(NOR)	0.965	4
在线评论质量(QOR)	0.944	4
评论呈现形式(FOR)	0.940	3
自有品牌熟悉度(PBF)	0.932	3

5.2.2　量表效度分析

效度主要分析量表的建构效果,用于检验测量结果的有效性,即检验维度设计是否有效。量表的效度检验主要通过 KMO 值和 Bartlett 球型检验两个指标来衡量。学者们普遍认为,当 KMO≥0.6 时,适合做因子分析;反之,当 KMO<0.6 时,不适合做因子分析。与此同时,当 Bartlett 球型检验显著性水平 p 值≤0.01 时,表明通过检验,适合做因子分析;反之,当 Bartlett 球型检验显著性水平 p 值>0.01 时,则说明未通过检验,不适合做因子分析。

本次问卷效度分析是采用 SPSS 25.0 版本软件,通过验证性因子分析的方法实现测量数据的检验过程的。检验结果如表 5-3 所示。从统计数据可以看出,因变量自有品牌线下体验的 KMO 值为 0.937>0.9,在线评论变量的 KMO 值为 0.953>0.9,这两变量 KMO 值远超过 0.6;因变量自有品牌线上购买意愿、中介变量品牌信任、调节变量自有品牌熟悉度的 KMO 依次为 0.735、0.759、0.743,均>0.7,超过临界值 0.6,与此同时,上述变量 Bartlett 球型检验显著性水平均为 0.000,全部无限接近于 0.。

从表 5-3 验证性因子分析的结果可以看出,量表总体 KMO 系数检验结果为 0.961,KMO 系数检验取值在 0~1,越接近 1 则说明量表总体效度越

高。从 Bartlett 球型检验结果可以看出,近似卡方值为 13 381.176,自由度为
703,检验的显著性概率值 p 值为 0.000<0.01,显著性无限接近于 0.,拒绝
原假设。说明本书观测变量之间具有相关性,并通过了检验,适合进行因子
分析。

表5-3   量表 KMO 和 Bartlett 球形检验结果

KMO 和 Bartlett 球形检验		自有品牌线下体验(CE)	线上购买意愿(PI)	品牌信任(BT)	自有品牌熟悉度(PBF)	在线评论(OR)	整体量表
KMO		0.937	0.735	0.759	0.743	0.953	0.961
Bartlett 球型 检验	近似卡方	4334.856	803.519	763.080	690.870	5134.679	13 381.176
	自由度(df)	105	3	3	3	91	703
	显著性(sig)	0.000	0.000	0.000	0.000	0.000	0.000

本书对变量的测量均采用国内外经过验证且广泛应用的成熟量表,因
此,量表效度检验进行验证性因子分析即可。验证性因子分析(Confirmatory
Factor Analysis)是对社会调查数据进行的一种统计分析,主要测量收敛效
度、区分效度和结构效度三个部分。

(1)收敛效度检验。收敛效度(Convergent Validity),又称聚合效度,是
指测量相同潜在特质的题项会落在同一个潜变量的构面上,而且各题项所
得的测量值之间高度相关。一般情况下,对于收敛效度有三个评判标准:

第一,所有题项的因子载荷>0.5 。因子载荷(Factor Loadings)指观测变
量与因子之间的相关程度。其取值在 0 ~1,通常情况下因子载荷越大,观测
变量与因子之间的关联度就越高。学术界普遍认为因子载荷可接受的阈值
下限为0.5。

运用 SPSS 25.0 版本软件对变量题项进行因子分析,图5-1 所示为碎石
图。从碎石图曲线走势可看出,1 和 2 点对应的曲线非常陡峭,特征值变动
非常大;3 ~6 点曲线坡度相对平缓,特征值变动幅度下降;6 点之后曲线变
化非常小,特征值近似于静态,曲线非常平滑。由此可见,主成分因子曲线
变化的拐点为6,这表明变量各题项提取 5 ~7 个因子是较为合适的。综合

考虑,本书最终提取 6 个公共因子是非常合适的。这与表 5-4 旋转后的成分矩阵中所显示的数据分布情况较为吻合。

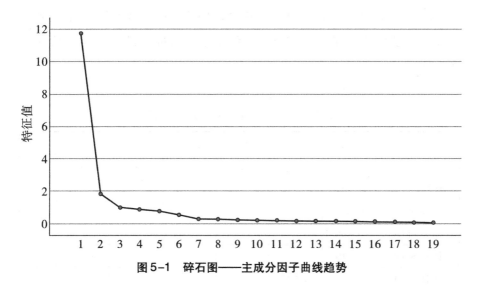

图 5-1　碎石图——主成分因子曲线趋势

运用 SPSS 25.0 版本软件对观测变量进行因子分析,采用主成分分析法,经过 7 次旋转迭代达到较好的收敛效果(见表 5-4)。根据表 5-4 旋转后成分矩阵可看出,各观测变量的因子载荷值均>0.5,因此可判断各观测题项与对应的因子都有关联。其中,除信任 BT1、信任 BT2 和体验 ISE1、体验 ESE1 等题项因子载荷分别为 0.641、0.646、0.687、0.697,相对较低外,其余绝大部分题项的因子载荷均>0.7。因此,从整体上看,测量题项与相应因子普遍有较高的关联度。

第二,各个变量或潜变量的组合信度应>0.7,即 CR>0.7。组合信度(Composite Reliability,CR),是指一个组合变量(Composite Core,即由两个或两个以上变量的总和组成的新变量)的信度。组合效度常用来评价构面内部的一致性。一般情况下,组合效度 CR 越高,则测量量表收效效果越好。

本书中各变量组合信度数据主要是采用 Excel 办公软件输入 CR 公式运算而获得。组合信度系数的计算公式为:

$$1_{CR} = \frac{(\Sigma\lambda)^2}{(\Sigma\lambda)^2 + \Sigma\varrho}$$

其中,λ:标准化因子载荷量;ϱ:总体残差。

　　六个公共因子组合信度计算结果显示,自有产品体验、员工服务体验、智能化购物体验、品牌信任、线上购买意愿和自有品牌熟悉度的组合信度系数依次为0.857、0.854、0.8092、0.703、0.855、0.874,均>0.7。这表明各变量和潜变量构面内部一致性较高,有良好的内部收敛性。详细情况见表5-5。

表5-4　观测变量旋转后的成分矩阵

	成分					
	S	1	2	3	4	5	6
体验 SPE1	0.763						
体验 SPE2	0.808						
体验 SPE3	0.808						
体验 SPE4	0.719						
体验 ESE1		0.697					
体验 ESE2		0.789					
体验 ESE3		0.804					
体验 ESE4		0.794					
体验 ISE1						0.687	
体验 ISE2						0.828	
体验 ISE3						0.777	
信任 BT1				0.641			
信任 BT2				0.646			
信任 BT3				0.705			
意愿 PI1			0.834				
意愿 PI2			0.847				
意愿 PI3			0.760				
熟悉度 PBF1			0.859				
熟悉度 PBF2			0.835				
熟悉度 PBF3			0.812				

　　提取方法:主成分分析法。

　　旋转方法:凯撒正态化最大方差法。

　　a.旋转在7次迭代后已收敛。

表 5-5　各变量收敛效度检验汇总表

变量和潜变量	测量项	因子载荷	AVE	CR
自有产品体验(SPE)	SPE1	0.763	0.601	0.857
	SPE2	0.808		
	SPE3	0.808		
	SPE4	0.719		
员工服务体验(ESE)	ESE1	0.697	0.595	0.854
	ESE2	0.789		
	ESE3	0.804		
	ESE4	0.794		
智能化购物体验(ISE)	ISE2	0.828	0.587	0.8092
	ISE1	0.687		
	ISE3	0.777		
品牌信任(BT)	BT1	0.641	0.442	0.703
	BT2	0.646		
	BT3	0.705		
线上购买意愿(PI)	PI1	0.834	0.664	0.855
	PI2	0.847		
	PI3	0.760		
自有品牌熟悉度(PBF)	PBF1	0.859	0.698	0.874
	PBF2	0.835		
	PBF3	0.812		

第三,各个变量或潜变量的平均变异数萃取量 AVE>0.5。平均变异数萃取量(Average of Variance Extracted, AVE),又称平均方差提取量,它反映潜在变量对观察变量的解释能力,另一方面也衡量各变量之间的区分度。通常情况下,AVE 应大于 0.5,AVE 值越高,各变量的收敛效度越高。也有学者认为 AVE 值处于 0.36~0.5,也是可以接受的。

本书中各变量平均变异数萃取量数据主要是采用 Excel 办公软件输入 AVE 公式运算而获得。平均变异数萃取量系数的计算公式为:

$$1_{\text{AVE}} = \frac{\sigma \lambda^2}{N}$$

其中,λ:标准化因子载荷量;N:该因子的测量指标个数。

公共因子平均变异数萃取量计算结果显示,品牌信任的 AVE 值为 0.442<0.5,但该值尚处于可接受门槛 0.36~0.5 之间,接近 0.5,也是可以接受的。其余变量自有产品体验、员工服务体验、智能化购物体验、自有品牌线上购买意愿和自有品牌熟悉度的 AVE 值依次为 0.601、0.595、0.587、0.664和0.698,均>0.5。这表明,各变量的收效效度较高。具体情况请参考表5-5。

表5-5 呈现了本书每个观察变量的因子载荷和各变量的 AVE 值、CR 值。如表5-5 所示,各观察变量的因子载荷均在 0.64 以上(>0.5);除智能化购物体验和品牌信任两变量的 AVE 值稍低,但仍处于可接受范围之外,绝大多数变量的 AVE 值>0.6,其所有变量的 CR 值均>0.7。因此,本书所采用的测量量表整体聚合效度良好。

(2)区分效度检验。区分效度(Discriminant Validity,DV),又称区别效度,用于反映各潜变量之间的相关程度和差异程度。当某潜变量的平均变异数萃取量 AVE 大于该潜变量与其他各潜变量之间的相关系数时,表明该潜变量能够区别于其他潜变量,有显著的差异性或相关系数较低,反之,则说明该潜变量不能够区别于其余潜变量,差异性不够显著或高度相关,那么将会影响量表的整体效度。本书变量之间的相关系数和各变量的平均变异数萃取量 AVE 值见表5-6。

由表5-6 检验结果数据可知,自有产品体验、员工服务体验、智能化购物体验、品牌信任、自有品牌线上顾客购买意愿和自有品牌熟悉度各变量之间均具有显著相关性(p<0.01)。数据显示,各潜变量之间相关性系数绝对值大多数都在 0.5~0.6,属于中等强度相关水平,且每个变量与其他变量的相关系数均小于该变量的 AVE 平方根。这说明本书的各变量之间具有一定的相关性,且彼此之间又具有一定的区分度,说明样本数据的区分效度较为理想。

表 5-6　变量区分效度检验结果一览表

	SPE	ESE	ISE	BT	PI	PBF
SPE	0.775					
ESE	.764 **	0.771				
ISE	.622 **	.638 **	0.803			
BT	.766 **	.732 **	.704 **	0.665		
PI	.598 **	.571 **	.614 **	.664 **	0.814	
PBF	.518 **	.530 **	.658 **	.584 **	.661 **	0.835

注：**.表示在 p 值小于 0.01 水平（双侧）上，相关性显著；对角线位置为变量 AVE 值的平方根。

　　(3)结构效度检验。结构效度(Structure Validity,SV)，也称为构想效度，用于衡量因子与测量题项对应关系是否良好，同时也常用于评价数据分析结果与所假设理论模型之间的符合程度。它是量表效度检验的一种重要方法。

　　结构效度的结果主要由结构方程式的绝对拟合指标和相对拟合指标决定，其中绝对拟合指标主要包括卡方自由度比值(χ^2/df)、近似误差均方根(RMSEA)、拟合优度指数(GFI)、修正拟合优度指数(AGFI)等，相对拟合指标有规范拟合指标(NFI)、非规范拟合指标(NNFI)、比较拟合指标(CFI)、增值拟合指标(IFI)和 Tucker-Lewis 指数(TLI)的取值。

表 5-7　模型的拟合优度评价指标

项目名称	χ^2	χ^2/df	RMSEA	GFI	IFI	TLI	CFI	RFI	NFI
推荐值	越小越好	<3	<0.08	>0.9	>0.9	>0.9	>0.9	>0.9	>0.9
拟合值	234.844	2.097	0.064	0.912	0.976	0.971	0.976	0.946	0.955
是否接受	是	是	是	是	是	是	是	是	是

通常情况下,卡方值(X^2)越小越好;卡方自由度比值(χ^2/df)同样愈小愈好,取值范围为 1~3,越接近 3,则表示模型拟合越理想,适配度越高,但当样本量较大时,$\chi^2/df<5$ 也是可以接受的。RMSEA 是评价模型拟合度不佳的指数,反映模型的差异性,其取值越小越好,当其取值接近 0 表示模型拟合理想;相反,离 0 愈远表示模型拟合愈差。一般认为,如果 RMSEA=0,表示模型完全拟合;RMSEA<0.05,表示模型拟合理想;$0.05 \leqslant$ RMSEA $\leqslant 0.08$,表示模型拟合合理,可以接受;0.08<RMSEA<0.10,表示模型拟合一般,勉强可以接受;RMSEA$\geqslant 0.10$,表示模型拟合较差。GFI、NFI、CFI、IFI 和 TLI 等数值是反映模型相似度的指标,这些类别指标取值在 0~1,指标值愈接近 0 表示模型拟合愈差,愈接近 1 表示模型拟合愈好。通常,上述类别指标值>0.9,表示模型拟合理想;当上述类别指标值介于 0.9~0.8 时,表示模型拟合较好;当上述类别指标值介于 0.8~0.5 时,表示模型拟合尚可接受;当上述类别指标值<0.5,则表示模型拟合较差。

本书采用软件 AMOS 25.0 版本对样本数据进行结构效度检测,各项指标测试结果,如表 5-7 所示。模型整体拟合优度结果数据显示,X^2 为234.844,X^2/df 值为 2.097<3,表明该模型拟合度较为理想;RMSEA 为0.064,小于临界值 0.08,该模型拟合尚佳,是可以接受的;GFI、NFI、CFI、TLI、IFI 和 RFI 六个类别指标值依次为 0.912、0.955、0.976、0.971、0.976 和0.946,各类别指标值均>0.9,拟合指数均达到标准,表明模型整体适配理想,量表结构效果非常高。

综上所述,本书测量量表具有良好的收敛效度、区分效度和结构效度。因此,这表明本书各变量测量量表效度良好。

5.3　相关性分析

本书研究共涉及自有品牌线下体验、线上购买意愿、品牌信任、自有品牌熟悉度等变量,其中自有品牌线下体验变量主要从自有产品体验、员工服务体验和智能化购物体验三个维度测量。运用 SPSS 25.0 版本软件对上述潜变量进行相关分析,通过皮尔逊相关系数判断各变量之间的相关关系。一般情况下,皮尔逊相关系数<0.3,则变量间关系为弱相关;皮尔逊相关系数在 0.3~0.6,则变量间关系为中等强度相关;皮尔逊相关系数>0.6,则变量间关系为强关联。自有品牌顾客线下体验、线上购买意愿、品牌信任、自有品牌熟悉度变量之间的皮尔逊相关系数见表 5-6。

　　表 5-6 数据清晰显示自变量实体零售自有品牌顾客线下体验与因变量线上购买意愿之间的相关关系:自有产品体验、员工服务体验和智能化购物体验与自有品牌顾客线上购买意愿之间的相关系数依次为 0.598>0.3、0.571>0.3、0.614>0.6,且各相关系数所对应的 P 值均<0.01,因此自有品牌线下体验三个二级指标自有产品体验、员工服务体验对自有品牌线上购买意愿均存在显著正向影响关系。也就是说,顾客实体零售店的自有产品体验效果越好,越有利于增强顾客对自有品牌产品的线上购买意愿;顾客实体零售店内的员工服务体验效果越好,越有利于增强顾客对自有品牌产品的线上购买意愿;顾客实体零售店内的智能化体验水平越高,越有利于增强顾客对自有品牌产品的线上购买意愿。此外,从自有品牌线下体验三个二级指标对线上购买意愿的回归系数数值可以发现,顾客自有品牌线下的智能化体验对线上购买意愿的促进作用最强,自有产品体验次之,实体零售店内选购自有品牌产品时顾客获取的员工服务体验对线上购买意愿的促进作用位列第三。总之,实体零售自有品牌顾客线下的自有产品体验、员工服务体验和智能化购物体验越强,则顾客线上购买意愿就会越强烈。假设 H1、假设 H1a、假设 H1b、假设 H1c 均得到支持。

　　此外,表 5-6 的数据同时清晰地揭示了自变量自有品牌线下体验与中介变量品牌信任之间的相关关系:自有产品体验、员工服务体验和智能化购物体验三个二级指标与品牌信任之间的相关系数依次为 0.766、0.732、0.704,均>0.6,且各相关系数所对应的 P 值均<0.01。因此自有品牌线下体验三个二级指标自有产品体验、员工服务体验对中介变量品牌信任均存在显著正向影响关系。也就是说,顾客实体零售店的自有产品体验效果越好,越有利于增强顾客对自有品牌的品牌信任;顾客实体零售店内的员工服务

体验效果越好,越有利于增强顾客对自有品牌的品牌信任;顾客实体零售店内的智能化体验水平越高,越有利于增强顾客对自有品牌的品牌信任。此外,从自有品牌线下体验三个二级指标对品牌信任的回归系数数值可以发现,自有产品体验对自有品牌信任的促进作用最强,员工服务体验次之,实体零售店内顾客的智能化体验对品牌信任的促进作用位列第三。总之,顾客自有品牌线下体验自变量与品牌信任变量之间具有很强的正相关关系,实体零售店内顾客线下购物过程中从自有品牌产品、员工服务和智能化购物三方面获得的体验感越强,则越容易对自有品牌产生更强烈的品牌信任。假设 H2 得到支持。

　　同样,表5-6 的数据还可直观地展示中介变量品牌信任与因变量自有品牌线上购买意愿之间的相关关系:品牌信任与自有品牌线上购买意愿之间的相关系数为 0.664>0.6,相关系数所对应的 P 值<0.01,这表明中介变量和因变量之间具有较强的正相关关系。也就是说,顾客对自有品牌的信任度越高,则从线上购买自有品牌产品的意愿就越强烈。假设 H3 得到支持。

　　综上所述,通过对自变量自有品牌线下体验、因变量线上购买意愿和中介变量品牌信任之间相关性分析,发现上述三个变量两两之间存在正相关关系,假设 H1、H2、H3 均得到支持,这将为本书后续进一步深入探讨自变量自有品牌线下体验、因变量线上购买意愿和中介变量品牌信任之间的作用机理奠定理论基础。

5.4　主效应检验

　　采用结构方程模式对模型假设进行检验。本理论模型主要涉及实体零售自有品牌线下体验(CE)、品牌信任(BT)和自有品牌顾客线上购买意愿(PI),其中实体零售自有品牌线下体验变量分列出自有产品体验(SPE)、员工服务体验(ESE)和智能化购物体验(ISE)三个维度,为二阶变量,因此本书共涉及五个潜变量。运用软件 AMOS 24.0 版本对结构方程模型进行检验。本书结构方程模型,如图5-2所示。

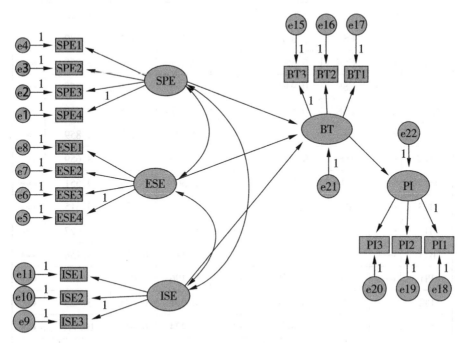

图5-2　结构方程模型

数据分析结果显示,多元相关平方SMC(即R2)除ISE1为0.691、PI为0.51,>0.33,重要性程度中等水平,不仅自变量达标,其余题项的SMC均在0.72以上,>临界值0.67,重要性程度高,自变量理想。如表5-8、表5-9所示,潜变量各题项因子载荷均超过0.81,>0.5,各残差项系数均>0,同时潜变量与观察变量之间结构路径系数显著,说明没有违反估计,适合进行路径分析。

表5-8　各题项载荷与残差项系数

题项			载荷	残差项	系数	S. E.	C. R.	P
SPE4	←	SPE	0.861	e1	0.368	0.037	9.994	***
SPE3	←	SPE	0.853	e2	0.439	0.043	10.098	***
SPE2	←	SPE	0.928	e3	0.201	0.025	8.045	***
SPE1	←	SPE	0.932	e4	0.186	0.024	7.807	***

续表 5-8

题项			载荷	残差项	系数	S. E.	C. R.	P
ESE4	←	ESE	0.878	e5	0.310	0.032	9.589	***
ESE3	←	ESE	0.892	e6	0.317	0.034	9.259	***
ESE2	←	ESE	0.940	e7	0.179	0.025	7.059	***
ESE1	←	ESE	0.877	e8	0.337	0.035	9.627	***
ISE3	←	ISE	0.942	e9	0.202	0.042	4.859	***
ISE2	←	ISE	0.868	e10	0.423	0.049	8.659	***
ISE1	←	ISE	0.831	e11	0.566	0.059	9.551	***
BT3	←	BT	0.895	e15	0.272	0.029	9.515	***
BT2	←	BT	0.913	e16	0.238	0.027	8.927	***
BT1	←	BT	0.956	e17	0.116	0.019	6.156	***
PI1	←	PI	0.937	e18	0.196	0.027	7.267	***
PI2	←	PI	0.970	e19	0.091	0.023	3.927	***
PI3	←	PI	0.863	e20	0.424	0.042	10.178	***
				e21	0.236	0.030	7.763	***
				e22	0.688	0.072	9.510	***

　　表5-9为结构方程模型对模型假设检验结果,C. R. (Critical Ratio)值即Z值,是路径系数(非标准化载荷系数)与S. E. (Stand Error)的比值,当C. R. >3.25,即 p<0.001;C. R. >1.96,即 p<0.05 时,代表假设成立。数据结果显示:自有产品线下顾客体验对品牌信任有显著的正向影响,C. R. 为7.678>3.25,p<0.001,假设 H2a 得到支持;自有品牌线下顾客员工服务体验对品牌信任有显著正向影响,C. R. 为 2.120>1.96,p<0.05,假设 H2b 得到支持;自有品牌线下顾客智能化购物体验对品牌信任有显著正向影响,C. R. 为 6.299>3.25,p<0.001,假设 H2c 得到支持。品牌信任对自有品牌线上顾客购买意愿有显著正向影响,C. R. 为 13.383 >3.25,p<0.001,假设 H3 得到支持。

表5-9　路径系数显著性检验

路径关系		路径系数	S. E.	C. R.	P	检验结果
品牌信任	← 自有产品体验	0.529	0.069	7.678	***	支持
品牌信任	← 员工服务体验	0.143	0.067	2.120	*	支持
品牌信任	← 智能化购物体验	0.266	0.042	6.299	***	支持
自有品牌线上顾客购买意愿	← 品牌信任	0.811	0.061	13.383	***	支持

注：*** $p<0.001$；* $p<0.05$；C. R. 值即 Z 值。

5.5　中介效应检验

为了进一步探索电子商务背景下顾客实体零售店铺内自有产品体验、员工服务体验和智能化购物体验等自有品牌线下购物体验对自有品牌产品线上顾客购买意愿的影响，本书构建了品牌信任作为中介变量影响自有品牌产品线上顾客购买意愿的理论模型。本书在对中介效应的检验分析过程中，主要运用软件 SPSS 25.0 版本的 Process V3.3 插件，采用 Bootstrap 方法，将样本量设定为 5000 进行重复抽样，并将置信区间的置信度设置为 95%，以检验品牌信任的中介效应。若在 95% 的置信区间内间接效应上限和下限不包含 0，则说明品牌信任的中介效应存在；反之，若在 95% 的置信区间内间接效应上限和下限包含 0，则说明品牌信任的中介效应不存在。

本书采用 Andrew F. Hayes（2018）编制的 SPSS 宏中的 Model 4（Model 4 为最简单的中介模型）对品牌信任在实体零售店内顾客自有品牌线下体验与顾客线上购买意愿之间影响的中介效应进行检验。研究中有关实体零售自有品牌线下体验变量的测量主要设计了自有产品体验、员工服务体验和智能化购物体验三个维度，因此，构建三个路径模型检验变量品牌信任在自变量和因变量关系中的中介作用，分别是模型 1 检验品牌信任在自有产品体验和自有品牌线上购买意愿两变量之间的中介作用；模型 2 检验品牌信任在员工服务体验和自有品牌线上购买意愿两变量之间的中介作用；模型 3 检品牌信任在智能化购物体验和自有品牌线上购买意愿两变量之间的中介作用。

5.5.1　检验品牌信任在自有产品体验与线上购买意愿之间的中介作用

模型1检验品牌信任(BT)在自有产品体验(SPE)与自有品牌产品线上购买意愿(PI)两变量关系之间的中介作用。将样本的年龄、性别、受教育程度和职业设置为控制变量后,模型1检验结果如表5-10所示。从表5-10的数据可看出以下几点。

首先,自有产品体验(SPE)对自有品牌产品线上购买意愿(PI)影响作用检验中,R^2为0.3735,F值为31.4842,在$p<0.001$水平上显著,回归效果显著;自有产品体验(SPE)标准化回归系数为0.5893,处于0.3~0.6,属于中等强度正相关,$t=11.7343$,p值为$0.0000<0.001$,这表明自有产品体验(SPE)对自有品牌产品线上购买意愿(PI)中等强度正相关作用显著,而职业变量对自有品牌产品线上购买意愿(PI)的影响作用(标准化系数为-0.1053)在$p<0.05$水平上存在显著性,两变量之间存在负向的弱相关关系;年龄、性别、受教育程度三个控制变量对自有品牌产品线上顾客购买意愿(PI)的影响作用均不显著。

其次,自有产品体验(SPE)对品牌信任(BT)影响作用的检验中,R^2为0.6486,F值为97.4579,在$p<0.001$水平上显著,回归效果显著;自有产品体验(SPE)标准化回归系数为0.8121,大于0.6,属于强正相关,$t=21.5909$,p值为$0.0000<0.001$,这表明自有产品体验(SPE)对品牌信任(BT)正向强关联作用显著。此外,控制变量年龄对品牌信任(BT)影响的标准化系数为-0.0801,p值为$0.0375<0.05$,说明这两个变量在p值<0.05水平上存在负向的弱相关关系;其他三个控制变量性别、受教育程度和职业对品牌信任(BT)的影响作用均不显著。

表 5-10　品牌信任的中介模型 1 检验

回归方程		拟合指标			系数显著性		
结果变量	预测变量	R	R^2	F(df)	β	t	p
自有品牌 线上购买意愿		0.6112	0.3735	31.4842 ***			
	自有产品体验				0.5893	11.7343 ***	0.0000
	年龄				−0.0218	−0.4262	0.6703
	性别				0.0607	1.2364	0.2174
	受教育程度				−0.0291	−0.5681	0.5704
	职业				−0.1053	−2.0794 *	0.0385
品牌信任		0.8054	0.6486	97.4579 ***			
	自有产品体验				0.8121	21.5909 ***	0.0000
	年龄				−0.0801	−2.0904 *	0.0375
	性别				0.048	1.3054	0.1929
	受教育程度				0.0606	1.5808	0.1151
	职业				−0.0675	−1.7804	0.0762
自有品牌 线上购买意愿		0.6885	0.474	39.4979 ***			
	自有产品体验				0.1551	2.0232 *	0.0441
	品牌信任				0.5346	7.0865 ***	0.0000
	年龄				0.021	0.4439	0.6575
	性别				0.0351	0.7749	0.4391
	受教育程度				−0.0614	−1.3021	0.194
	职业				−0.0692	−1.4796	0.1402

最后,当放入中介变量品牌信任(BT)后,R^2 为 0.474,F 值为 39.4979,在 p<0.001 水平上回归效果显著;自有产品体验(SPE)对自有品牌产品线上购买意愿作用的(PI)标准化回归系数为 0.1551(<0.3),属于弱相关,t=2.0232,p 值为 0.0441<0.05,这表明潜在变量自有产品体验(SPE)对自有品牌产品顾客线上购买意愿(PI)正相关作用有所下降,但依然显著,与此同

时,中介变量品牌信任(BT)对自有品牌产品线上顾客购买意愿(PI)作用的标准化回归系数为0.5346,在0.3～0.6,属于中等强度正相关,t=7.0865,p值为0.0000<0.001,这表明中介变量品牌信任(BT)对自有品牌产品顾客线上购买意愿(PI)作用显著。综上可知,品牌信任(BT)在自有产品体验(SPE)与自有品牌产品顾客线上购买意愿(PI)两变量关系可能存在中介作用。

5.5.2　检验品牌信任在员工服务体验与线上购买意愿之间的中介作用

模型2检验品牌信任(BT)在员工服务体验(ESE)与自有品牌产品顾客线上购买意愿(PI)两变量关系之间的中介作用。将年龄、性别、受教育程度和职业设置为控制变量后,模型2检验结果如表5-11所示。从表5-11的数据可看出以下内容。

首先,员工服务体验(ESE)对自有品牌产品顾客线上购买意愿(PI)影响作用的检验中,R^2为0.3346,F值为26.556,在p<0.001水平上显著,回归效果显著;员工服务体验(ESE)标准化回归系数为0.553,在0.3～0.6,两变量之间关系属于中等强度正相关,t=10.6867,p值为0.0000<0.001,这表明员工服务体验(ESE)对自有品牌产品顾客线上购买意愿(PI)正相关作用显著,而年龄、性别、受教育程度和职业四个控制变量对自有品牌产品线上顾客购买意愿(PI)的影响作用均不显著。

其次,员工服务体验(ESE)对品牌信任(BT)影响作用的检验中,R^2为0.5398,F值为61.9238,在p<0.001水平上显著,回归效果显著;员工服务体验(ESE)标准化回归系数为0.7372,大于0.6,属于强正相关,t=17.1316,p值为0.0000<0.001,这表明员工服务体验(ESE)对品牌信任(BT)正相关作用显著,但是年龄、性别、受教育程度和职业四个控制变量对品牌信任(BT)的影响作用均不显著。

最后,当放入变量品牌信任(BT)后,R^2为0.4752,F值为39.6962,在p<0.001水平上显著,回归效果显著;员工服务体验(ESE)对自有品牌产品顾客线上购买意愿(PI)作用的标准化回归系数为0.1455(<0.3),属于弱相

关,t=2.1746,p 值为 0.0306<0.05,这表明加入中介变量品牌信任(BT)后,员工服务体验(ESE)对自有品牌产品线上顾客购买意愿(PI)正向影响作用大幅下降,但正向影响作用依然存在且显著,与此同时,中介变量品牌信任(BT)对自有品牌产品顾客线上购买意愿(PI)作用的标准化回归系数为 0.5527,在 0.3 ~ 0.6,属于中等强度正相关,t = 8.3941,p 值为 0.0000< 0.001,这表明变量品牌信任(BT)对自有品牌产品顾客线上购买意愿(PI)的较强正向影响作用依然存在且显著。综上可知,变量品牌信任(BT)在员工服务体验(ESE)与自有品牌产品顾客线上购买意愿(PI)两变量之间可能存在中介作用。

表5-11 品牌信任的中介模型 2 检验

回归方程		R	R²	F(df)	拟合指标 β	系数显著性 t	p
结果变量	预测变量	R	R²	F(df)	β	t	p
线上购买意愿		0.5785	0.3346	26.556***			
	员工服务体验				0.553	10.6867***	0.0000
	年龄				0.0416	0.799	0.425
	性别				0.0452	0.8926	0.3729
	受教育程度				−0.0339	−0.6426	0.521
	职业				−0.0544	−1.0313	0.3034
品牌信任		0.7347	0.5398	61.9238***			
	员工服务体验				0.7372	17.1316***	0.0000
	年龄				0.0092	0.2118	0.8324
	性别				0.0273	0.6473	0.518
	受教育程度				0.0492	1.1215	0.2631
	职业				−0.0014	−0.0319	0.9746
线上购买意愿		0.6894	0.4752	39.6962***			
	员工服务体验				0.1455	2.1746*	0.0306
	品牌信任				0.5527	8.3941***	0.0000
	年龄				0.0365	0.7885	0.4311

续表 5-11

回归方程		拟合指标		系数显著性	
	性别		0.0301	0.6683	0.5045
	受教育程度		−0.0611	−1.2986	0.1952
	职业		−0.0536	−1.1425	0.2543

5.5.3　检验品牌信任在智能化购物体验与线上购买意愿之间的中介作用

模型 3 检验品牌信任(BT)在智能化购物体验(ISE)与自有品牌产品顾客线上购买意愿(PI)两变量关系之间的中介作用。我们同样将年龄、性别、受教育程度和职业设置为控制变量后,模型 3 检验结果如表 5-12 所示。从表 5-12 的数据可以看出以下内容。

表 5-12　品牌信任的中介模型 3 检验

回归方程		拟合指标			系数显著性		
结果变量	预测变量	R	R^2	F(df)	β	t	p
线上购买意愿		0.6363	0.4049	35.9256 ***			
	智能化购物体验				0.6043	12.604 ***	0.0000
	年龄				0.0715	1.4562	0.1465
	性别				0.0299	0.6232	0.5337
	受教育程度				−0.0596	−1.2066	0.2287
	职业				−0.1355	−2.7502 **	0.0064
品牌信任		0.7165	0.5134	55.7011 ***			
	智能化购物体验				0.7035	16.2251 ***	0.0000
	年龄				0.0512	1.1531	0.2499
	性别				0.0118	0.2729	0.7851
	受教育程度				0.0015	0.0343	0.9727
	职业				−0.111	−2.491 *	0.0134

续表5-12

回归方程		拟合指标			系数显著性		
线上购买意愿		0.711	0.5055	44.8124 ***			
	智能化购物体验				0.2844	4.5964 ***	0.0000
	品牌信任				0.4547	7.3154 ***	0.0000
	年龄				0.0482	1.0726	0.2844
	性别				0.0245	0.5594	0.5763
	受教育程度				−0.0603	−1.3366	0.1825
	职业				−0.085	−1.868	0.0629

首先,智能化购物体验(ISE)对自有品牌产品线上顾客购买意愿(PI)影响作用的检验中,R^2 为 0.4049,F 值为 35.9256,在 $p<0.001$ 水平上显著,回归效果显著;智能化购物体验(ISE)标准化回归系数为 0.6043,>0.6,两个变量之间存在强正相关关系,t=12.604,p 值为 0.0000<0.001,这表明智能化购物体验(ISE)对自有品牌产品顾客线上购买意愿(PI)正相关作用较为显著,而控制变量职业对自有品牌产品顾客线上购买意愿(PI)影响作用的标准化系数为−0.1355,p 值为 0.0064<0.01,表明在 p 值<0.01 水平上控制变量职业对自有品牌产品顾客线上购买意愿(PI)存在显著负相关作用,但是,其余三个控制变量年龄、性别和受教育程度对自有品牌产品顾客线上购买意愿(PI)的影响作用均不显著。

其次,智能化购物体验(ISE)对品牌信任(BT)影响作用的检验结果中,R^2 为 0.5134,F 值为 55.7011,在 $p<0.001$ 水平上显著,回归效果显著;智能化购物体验(ISE)的标准化回归系数为 0.7035,>0.6,两个变量之间存在强正相关关系,t=16.2251,p 值为 0.0000<0.001,这表明智能化购物体验(ISE)对品牌信任(BT)正向作用显著,而控制变量职业对品牌信任(BT)作用的标准化系数为−0.111,p 值为 0.0134<0.05,表明在 p 值<0.05 水平上,控制变量职业对品牌信任(BT)存在显著负向影响作用,此外,其余三个控制变量年龄、性别和受教育程度对品牌信任(BT)的作用均不显著。

最后,当放入中介变量品牌信任(BT)后,R^2 为 0.5055,F 值为 44.8124,

在 p<0.001 水平上回归效果显著;智能化购物体验(ISE)对自有品牌产品顾客线上购买意愿(PI)作用的标准化系数为 0.2844(<0.3),潜变量之间存在弱相关,t=4.5964,p 值为 0.0000<0.001,这表明加入中介变量品牌信任(BT)后,智能化购物体验(ISE)对自有品牌产品顾客线上购买意愿(PI)正向影响作用大幅下降,但该正向影响作用依然存在且显著,与此同时,中介变量品牌信任(BT)对自有品牌产品顾客线上购买意愿(PI)作用的标准化系数为 0.4547,在 0.3~0.6 区间,属于中等强度正相关,t=7.3154,p 值为 0.0000<0.001,这表明中介变量品牌信任(BT)对自有品牌产品线上顾客购买意愿(PI)正向作用显著。综上可知,品牌信任(BT)在智能化购物体验(ISE)与自有品牌产品顾客线上购买意愿(PI)两变量关系之间可能发挥着中介作用。

5.5.4 变量直接效应和间接效应分析

为进一步验证品牌信任(BT)变量的中介效应,本书通过软件 SPSS 25.0版本的 Process V3.3 插件,采用 Bootstrap 方法,将样本量选择为 5000,置信区间设置为 95%,三个模型中数据运行直接效应和间接效应的结果,如表 5-13 所示。

表 5-13 直接效应和间接效应分解表

中介路径	直接效应				间接效应				中介效应占比
	效应值	标准误	95%置信区间		效应值	标准误	95%置信区间		
			下限	上限			下限	上限	
SPE→BT→PI	0.1811	0.0798	0.5409	0.7485	0.4636	0.1019	0.2464	0.6472	71.90%
ESE→BT→PI	0.1796	0.0703	0.0413	0.3179	0.4325	0.0782	0.2657	0.5753	70.66%
ISE→BT→PI	0.2681	0.0607	0.1485	0.3876	0.3267	0.0810	0.1717	0.4833	54.93%

模型 1(SPE→BT→PI)检验品牌信任(BT)在自有产品体验(SPE)与自有品牌产品顾客线上购买意愿(PI)之间的中介作用。如表 5-13 结果数据所示,模型 1 直接效应的效应值为 0.1811,标准误为 0.0798,Bootstrap 95%置信区间的上下限分别为 0.7485 和 0.5409,方向一致,同向且均>零,由此

可知,自有产品体验对顾客的自有品牌产品线上购买意愿存在直接效应,即线下良好的自有产品体验可以直接引发顾客自有品牌产品的线上购买意愿;同时该分解表数据也显示,模型1中的间接效应的效应值为0.4636,标准误为0.1019,中介效应占比71.90%,并且品牌信任的中介效应在Bootstrap 95%置信区间的下限为0.2464,上限为0.6472,上下限方向相同且均不包含0。这表明实体零售自有品牌产品顾客线下体验能通过品牌信任适量影响顾客对自有品牌产品的线上购买意愿,即顾客线下良好的自有品牌产品体验,可以有效提高顾客满意度,产生并强化顾客对自有品牌的信任,进而引发顾客对自有品牌产品的线上购买意愿。根据上述分析可知,模型1中的直接效应和间接效应同时存在,也就是说品牌信任在实体零售顾客线下自有产品体验与自有品牌产品顾客线上购买意愿之间存在部分中介效应。

模型2(ESE→BT→PI)检验品牌信任(BT)在顾客线下员工服务体验(ESE)与自有品牌产品顾客线上购买意愿(PI)之间的中介作用。如表5-13数据所示,模型2直接效应的效应值为0.1796,标准误为0.0703,Bootstrap 95%置信区间的上下限分别为0.3179和0.0413,方向相同且均>零,由此可见,变量员工服务体验对自有品牌产品顾客线上购买意愿存在直接效应,即线下良好的员工服务体验可以直接引发顾客对自有品牌产品线上的购买意愿;同时该分解表数据也显示,模型2间接效应的效应值为0.4325,标准误为0.0782,占总效应的70.66%,并且品牌信任的中介效应在Bootstrap 95%置信区间的下限为0.2657,上限为0.5753,上下限方向相同且不包含0。这表明实体零售顾客线下员工服务体验能通过品牌信任适量影响自有品牌产品顾客线上购买意愿,即顾客线下良好的员工服务体验,可以提高顾客满意,产生并强化顾客的自有品牌信任,进而引发顾客对自有品牌产品的线上购买意愿。根据上述分析可知,模型2中直接效应和间接效应同时存在,也就是说,品牌信任在实体零售线下顾客员工服务体验与自有品牌产品线上顾客购买意愿之间存在部分中介效应。

模型3(ISE→BT→PI)检验品牌信任(BT)在智能化购物体验(ISE)与自有品牌产品顾客线上购买意愿(PI)之间的中介作用。如表5-13数据所示,模型3直接效应的效应值为0.2681,标准误为0.0607,Bootstrap 95%置信区间的上下限分别为0.3876和0.1485,上下限方向相同且不包含0,由此可知,顾客线下智能化购物体验对自有品牌产品线上顾客购买意愿存在直接效应,即线下良好的智能化体验可以直接引发顾客对自有品牌产品线上的购买意愿;同时该分解表数据也显示,模型3间接效应的效应值为0.3267,标准误为0.0810,占总效应的54.93%,品牌信任的中介效应在Bootstrap 95%置信区间的下限为0.1717,上限为0.4833,上下限方向相同且不包含0,这表明实体零售自有品牌产品线下顾客智能化购物体验能通过品牌信任适量影响自有品牌产品顾客线上购买意愿,即顾客线下良好的智能化购物体验,可以大大提升顾客满意度,产生并强化顾客对自有品牌的信任,进而引发顾客对自有品牌产品的线上购买意愿。根据上述分析可知,模型3中的直接效应和间接效应同时存在,也就是说品牌信任在实体零售自有品牌产品线下顾客智能化购物体验与自有品牌产品顾客线上购买意愿之间存在着部分中介效应。

综上所述,通过对表5-13中直接效应和间接效应数据分析可以发现,变量品牌信任分别在自有产品体验对自有品牌产品顾客线上购买意愿的影响关系之间、员工服务体验对自有品牌产品顾客线上购买意愿的影响关系之间、智能化购物体验对自有品牌产品顾客线上购买意愿的影响关系之间发挥着部分中介作用,因此,中介变量品牌信任在自变量自有品牌线下体验与因变量线上购买意愿之间发挥着部分中介作用。因此,本书中假设H4、假设H4a、假设H4b、假设H4c均同通过验证,并得到支持。

5.6　调节效应检验

调节效应指调节变量M对自变量X与因变量Y关系的影响作用,即引入调节变量后,自变量X对因变量Y影响的程度或影响方向会发生变化。本书主要采用Kenny提出的调节检验方法,实证分析自有品牌熟悉度、在线评论的调节效应。

5.6.1　自有品牌熟悉度的调节效应检验

（1）调节效应验证。本书运用软件 SPSS 25.0 版本的 Process V3.3 插件，采用多层次回归分析的方法分析变量自有品牌熟悉度在自变量自有品牌线下体验（CE）与变量品牌信任（BT）之间是否存在调节效应。由于本书中自变量自有品牌线下体验（CE）主要从自有产品体验（SPE）、员工服务体验（ESE）和智能化购物体验（ISE）三个二级指标进行测量，因此调节效应分析共涉及模型 4、模型 5、模型 6 三个模型。三个模型调节效应的分析结果，如表 5–14 所示。

模型 4 检验自有品牌熟悉度（PBF）在自有产品体验（SPE）对品牌信任（BT）关系中的调节作用。为了避免将自有产品体验与自有品牌熟悉度的交互项加入回归模型后出现多重共线性问题，因此首先对潜变量自有产品体验与自有品牌熟悉度进行了去中心化处理，然后再计算交互项，加入回归模型。回归分析过程中，先进行控制变量（年龄、性别、受教育程度和职业）、调节变量自有品牌熟悉度、自变量自有产品体验对变量品牌信任的归回，模型 4 是在上述回归分析基础上进一步加入了经过去中心化处理的自有产品体验与自有品牌熟悉度交互项的回归模型。

从表 5–14 呈现的结果数据可以看出，将自有产品体验（SPE）和自有品牌熟悉度（PBF）的交互项放入检测模型后，自有产品体验（SPE）的回归系数 β 为 0.708，p 为 0.000<0.001，自有产品体验（SPE）对品牌信任（BT）的影响作用显著，同时自有品牌熟悉度（PBF）的回归系数 β 为 0.264，p 为 0.000<0.001，自有品牌熟悉度（PBF）对品牌信任（BT）的影响作用显著，但是自有产品体验（SPE）和自有品牌熟悉度（PBF）交互项的回归系数 β 为 -0.042，p 为 0.071>0.05，自有产品体验（SPE）和自有品牌熟悉度（PBF）的交互项对变量品牌信任（BT）作用并不显著，这说明自有品牌熟悉度（PBF）在自有产品体验（SPE）对品牌信任（BT）影响中的调节作用不显著。

模型 5 检验自有品牌熟悉度（PBF）在员工服务体验（ESE）对品牌信任（BT）关系中的调节作用。为了避免将员工服务体验与自有品牌熟悉度的交互项加入回归模型后出现多重共线性问题，因此首先对潜变量员工服务体验与自有品牌熟悉度进行了去中心化处理,然后再计算交互项,加入回归模型。回归分析过程中,先进行控制变量(年龄、性别、受教育程度和职业)、调节变量自有品牌熟悉度、自变量员工服务体验对变量品牌信任的归回,模型5 在上述回归分析基础上进一步加入了经过去中心化处理的员工服务体验与自有品牌熟悉度交互项的回归模型。

表5-14   自有品牌熟悉度调节效应分析结果

变量	品牌信任		
	模型 4	模型 5	模型 6
人口学变量			
年龄	−0.092 *	0.002	0.042
性别	0.077	0.035	−0.029
受教育程度	0.081	0.09	0.098 *
职业	−0.022	0.003	−0.045 *
自变量			
自有产品体验	0.708 ***		
员工服务体验		0.592 ***	
智能化购物体验			0.528 ***
调节变量			
自有品牌熟悉度	0.22 ***	0.264 ***	0.215 ***
交互项			
自有产品体验 * 自有品牌熟悉度	−0.042		
员工服务体验 * 自有品牌熟悉度		−0.006	
智能化购物体验 * 自有品牌熟悉度			0.155 ***
R^2	0.693	0.596	0.6
F	84.335 ***	55.269 ***	56.208 ***

注: *** $p<0.001$, ** $p<0.01$, * $p<0.05$。

从表5-14 呈现的结果数据可以看出,将员工服务体验(ESE)和自有品牌熟悉度(PBF)的交互项放入检测模型后,员工服务体验(ESE)的回归系数 β 为 0.592,$p=0.000<0.001$,员工服务体验(ESE)对品牌信任(BT)的影响

作用显著,同时自有品牌熟悉度(PBF)的回归系数 β 为 0.22,p 为 0.000<0.001,自有品牌熟悉度(PBF)对品牌信任(BT)的影响作用同样显著,但是员工服务体验(ESE)和自有品牌熟悉度(PBF)交互项的回归系数 β 为 -0.006,p 为 0.831>0.05,员工服务体验(ESE)和自有品牌熟悉度(PBF)的交互项对变量品牌信任(BT)影响作用并不显著,这说明自有品牌熟悉度(PBF)在员工服务体验(ESE)对品牌信任(BT)影响中的调节作用不显著。

模型 6 检验自有品牌熟悉度(PBF)在智能化购物体验(ISE)对品牌信任(BT)关系中的调节作用。为了避免将智能化购物体验与自有品牌熟悉度的交互项加入回归模型后出现多重共线性问题,首先需要对潜变量智能化购物体验与自有品牌熟悉度进行了去中心化处理,然后再计算交互项,加入回归模型。回归分析过程中,先进行控制变量(年龄、性别、受教育程度和职业)、调节变量自有品牌熟悉度、自变量智能化购物体验对变量品牌信任的归回,模型 6 在上述回归分析基础上进一步加入了经过去中心化处理的智能化购物体验与自有品牌熟悉度交互项的回归模型。

从表 5-14 呈现的结果数据可看出,将智能化购物体验(ISE)和自有品牌熟悉度(PBF)的交互项放入检测模型后,智能化购物体验(ISE)的回归系数 β 为 0.528,p 为 0.000<0.001,智能化购物体验(ISE)对品牌信任(BT)的影响作用显著,同时自有品牌熟悉度(PBF)的回归系数 β 为 0.215,p 为 0.000<0.001,自有品牌熟悉度(PBF)对品牌信任(BT)的影响作用显著,另外智能化购物体验(ISE)和自有品牌熟悉度(PBF)交互项的回归系数 β 为 0.155,p 为 0.000<0.001,智能化购物体验(ISE)和自有品牌熟悉度(PBF)的交互项对结果变量品牌信任(BT)有显著的正向影响作用,这说明自有品牌熟悉度(PBF)在智能化购物体验(ISE)和品牌信任(BT)两变量关系中起到正向调节作用,且调节效应显著。也就是说,自有品牌熟悉度水平越高,智能化购物体验对品牌信任的影响就越强烈。

综上所述,自有品牌熟悉度(PBF)分别在自有产品体验(SPE)和品牌信任(BT)两者的关系中、员工服务体验(ESE)和品牌信任(BT)两者的关系中均不存在调节作用。假设 H5a、假设 H5b 验证未通过,假设不成立。自有品牌熟悉度(PBF)在智能化购物体验(ISE)和品牌信任(BT)两者的关系中存在显著的调节作用。假设 H5c 通过验证,得到支持。

（2）调节效应作用方向分析。鉴于自有品牌熟悉度（PBF）分别在自有产品体验（SPE）与品牌信任（BT）两变量的关系中、在员工服务体验（ESE）与品牌信任（BT）两变量关系中的调节作用均未通过验证,而自有品牌熟悉度（PBF）在智能化购物体验（ISE）与品牌信任（BT）两个变量关系中的调节作用却得到支持,因此,本书将进一步检验智能化购物体验（ISE）和自有品牌熟悉度（PBF）的交互项对品牌信任（BT）调节效应的作用方向,而自有产品体验与自有品牌熟悉度交互项、员工服务体验与自有品牌熟悉度交互项分别对品牌信任调节作用将不再进行深入分析。本书在参照表 5-14 展示的调节效应分析数据的前提下,绘制了自有品牌熟悉度（PBF）在智能化购物体验（ISE）与品牌信任（BT）之间关系的调节效果图,并进行简单斜率分析,详情请参见图 5-3。

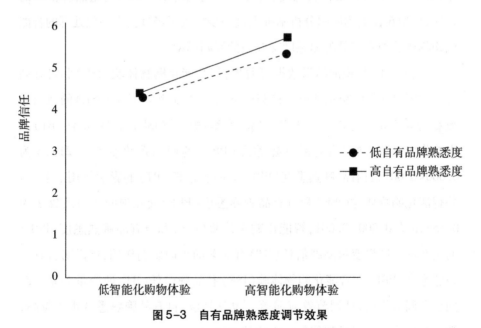

图 5-3　自有品牌熟悉度调节效果

由图 5-3 可以看出,直线斜率反映了智能化购物体验对品牌信任影响的大小,低自有品牌熟悉度直线斜率稍微平缓,高自有品牌熟悉度直线的斜率稍大于低自有品牌熟悉度直线的斜率,这说明,自有品牌熟悉度对两变量关系发挥着正向调节作用,智能化购物体验与品牌信任之间的正向关系在自有品牌熟悉度较高时比自有品牌熟悉度较低时更为强烈。也就是说,高自有品牌熟悉度的顾客在较高的智能化购物体验下,相较于低自有品牌熟悉度的顾客有着更高的品牌信任,而对于低自有品牌熟悉度的顾客,实体零售店内智能化购物体验的提升对品牌信任的正向影响作用显著减弱。

5.6.2　在线评论调节效应检验

本书运用软件 SPSS 25.0 版本的 Process V3.3 插件,采用多层次回归分析的方法分析变量在线评论(OR)在品牌信任(BT)与因变量自有品牌产品顾客线上购买意愿(PI)之间的调节作用。由于本书中调节变量在线评论(OR)主要从评论者资信度(DRQ)、在线评论数量(NOR)、在线评论质量(QOR)和在线评论呈现形式(FOR)四个二级指标进行测量,因此调节效应分析共建立四个模型,依次为模型7、模型8、模型9、模型10。以上四个模型调节效应的分析结果,如表5-15所示。

表5-15　在线评论调节效应分析结果

变量	自有品牌线上顾客购买意愿			
	模型7	模型8	模型9	模型10
人口学变量				
年龄	0.062	0.087	0.039	0.067
性别	−0.003	0.041	0.08	0.068
受教育程度	−0.032	−0.061	−0.071	−0.096
职业	−0.029	−0.017	−0.024	−0.012
自变量				
品牌信任	0.398 ***	0.405 ***	0.389 ***	0.478 ***
调节变量				
评论者资信度	0.475 ***			
评论数量		0.478 ***		
评论质量			0.481 ***	
评论呈现形式				0.351 ***
交互项				

续表 5-15

变量	自有品牌线上顾客购买意愿			
	模型 7	模型 8	模型 9	模型 10
品牌信任 * 评论者资信度	-0.035			
品牌信任 * 评论数量		-0.083 **		
品牌信任 * 评论质量			-0.080 **	
品牌信任 * 评论呈现形式				-0.075 **
R^2	0.584	0.581	0.565	0.546
F	52.560 ***	51.814 ***	48.605 ***	44.925 ***

注：*** $p<0.001$，** $p<0.01$，* $p<0.05$。

（1）调节效应的验证。模型 7 检验评论者资信度（DRQ）在品牌信任（BT）对因变量自有品牌产品顾客线上购买意愿（PI）影响中的调节作用。为了避免将评论者资信度与品牌信任的交互项加入回归模型后出现多重共线性问题，因此首先对潜变量评论者资信度与品牌信任进行了去中心化处理，然后再计算交互项，加入回归模型。在回归分析过程中，先进行控制变量（年龄、性别、受教育程度和职业）、调节变量评论者资信度、自变量品牌信任对因变量线上购买意愿的归回，模型 7 是在上述回归分析基础上进一步加入了经过去中心化处理的评论者资信度与品牌信任交互项的回归模型。

从表 5-15 呈现的结果数据可以看出，控制变量（年龄、性别、受教育程度和职业）对因变量线上购买意愿（PI）的影响作用不显著；将评论者资信度（DRQ）和品牌信任（BT）放入检测模型后，品牌信任（BT）的回归系数 β 为 0.398，p 为 0.000<0.001，品牌信任（BT）对自有品牌产品顾客线上购买意愿（PI）的影响作用显著；后评论者资信度（DRQ）的回归系数 β 为 0.475，p 为 0.000<0.001，评论者资信度（DRQ）对自有品牌产品顾客线上购买意愿（PI）的影响作用显著，但将评论者资信度（DRQ）和品牌信任（BT）的交互项放入模型后，交互项的回归系数 β 为 -0.035，p 为 0.201>0.05，评论者资信度（DRQ）和品牌信任（BT）的交互项对因变量自有品牌产品顾客线上购买意愿（PI）的影响作用不显著，这说明评论者资信度（DRQ）对品牌信任（BT）与因变量线上购买意愿（PI）之间的关系不具有显著的调节作用。

　　模型8检验评论数量(NOR)在品牌信任(BT)与因变量自有品牌产品线上购买意愿(PI)关系中是否存在调节效应。为了避免将评论数量与品牌信任的交互项加入回归模型后出现多重共线性问题,因此首先对潜变量评论数量与品牌信任进行了去中心化处理,然后再计算交互项,加入回归模型。回归分析过程中,先进行控制变量(年龄、性别、受教育程度和职业)、调节变量评论者资信度、自变量品牌信任对因变量线上购买意愿的归回,模型8是在上述回归分析基础上进一步加入了经过去中心化处理的评论数量与品牌信任交互项的回归模型。

　　从表5-15呈现的结果数据可以看出,控制变量(年龄、性别、受教育程度和职业)对因变量线上购买意愿(PI)的影响作用不显著;将调节变量评论数量(NOR)和自变量品牌信任(BT)放入该检测模型后,品牌信任(BT)的回归系数 β 为 0.405,p 为 0.000<0.001,品牌信任(BT)对自有品牌产品顾客线上购买意愿(PI)的影响作用显著;同时评论数量(NOR)的回归系数 β 为 0.478,p 为 0.000<0.001,评论数量(NOR)对自有品牌产品顾客线上购买意愿(PI)的影响作用显著;此后,将评论数量(NOR)和品牌信任(BT)交互项放入该模型后,交互项的回归系数 β 为 -0.083,p 为 0.004<0.01,评论数量(NOR)和品牌信任(BT)的交互项对因变量自有品牌产品顾客线上购买意愿(PI)的影响作用存在且显著,这说明评论数量(NOR)对品牌信任(BT)与因变量线上购买意愿(PI)两者关系具有显著的调节作用。

　　模型9检验评论质量(QOR)在品牌信任(BT)对因变量自有品牌产品顾客线上购买意愿(PI)影响中的调节作用。为了避免将评论质量与品牌信任的交互项加入回归模型后出现多重共线性问题。首先对潜变量评论质量与品牌信任进行了去中心化处理,然后再计算交互项,加入回归模型。在回归分析过程中,先进行控制变量(年龄、性别、受教育程度和职业)、调节变量评论质量、自变量品牌信任对因变量线上购买意愿的归回,模型9是在上述回归分析基础上进一步加入了经过去中心化处理的评论质量与品牌信任交互项的回归模型。

　　从表5-15呈现的检验结果可以看出,控制变量(年龄、性别、受教育程度和职业)对因变量线上购买意愿(PI)的影响作用不显著;将评论质量(QOR)和品牌信任(BT)放入该检测模型后,品牌信任(BT)的回归系数 β 为

0.398,p 为 0.000<0.001,品牌信任(BT)对自有品牌产品顾客线上购买意愿
(PI)的影响作用显著;同时评论质量(QOR)的回归系数 β 为 0.481,p 为
0.000<0.001,评论质量(QOR)对自有品牌产品顾客线上购买意愿(PI)的影
响作用显著;将评论质量(QOR)和品牌信任(BT)的交互项放入该模型后,
交互项的回归系数 β 为-0.080,p 为 0.009<0.01,评论质量(QOR)和品牌信
任(BT)的交互项对因变量自线上购买意愿(PI)的作用依然显著,这说明评
论质量(QOR)在品牌信任(BT)与因变量线上购买意愿(PI)两者关系中具
有显著的调节作用。

模型 10 检验评论呈现形式(FOR)在品牌信任(BT)和因变量自有品牌
产品顾客线上购买意愿(PI)关系中是否存在调节作用。为了避免将评论呈
现形式与品牌信任的交互项加入回归模型后出现多重共线性问题,因此首
先对潜变量评论呈现形式与品牌信任进行了去中心化处理,然后计算交互
项,加入回归模型。回归分析过程中,先进行控制变量(年龄、性别、受教育
程度和职业)、调节变量评论呈现形式、自变量品牌信任对因变量线上购买
意愿的归回,模型 9 是在上述回归分析基础上进一步加入了经过去中心化处
理的评论呈现形式与品牌信任交互项的回归模型。

从表 5-15 呈现的结果数据可以看出,控制变量(年龄、性别、受教育程
度和职业)对因变量线上购买意愿(PI)的影响作用不显著;将评论呈现形式
(FOR)和品牌信任(BT)放入该检测模型后,品牌信任(BT)的回归系数 β 为
0.478,p 为 0.000<0.001,品牌信任(BT)对自有品牌产品顾客线上购买意愿
(PI)的影响作用显著;同时评论呈现形式(FOR)的回归系数 β 为 0.351,
p 为0.000<0.001,评论呈现形式(FOR)对自有品牌产品顾客线上购买意愿
(PI)的影响作用显著;随后将评论呈现形式(FOR)和品牌信任(BT)的交互
项放入该检测模型,交互项的回归系数 β 为-0.075,p 为 0.007<0.01,评论
呈现形式(FOR)和品牌信任(BT)的交互项对因变量自有品牌产品顾客线上
购买意愿(PI)的作用依然显著。这说明评论呈现形式(FOR)在品牌信任
(BT)与因变量线上购买意愿(PI)关系中具有显著的调节作用。

综上所述,评论者资信度(DRQ)在品牌信任(BT)对因变量自有品牌产
品线上顾客购买意愿(PI)关系中不存在调节作用。假设 H6a 没有通过验

证。但其他三个二级指标评论数量(NOR)、评论质量(QOR)和评论呈现形式(FOR)均在品牌信任(BT)与因变量自有品牌产品顾客线上购买意愿(PI)的影响关系中具有显著的调节作用。假设 H6、H5b、H5c、H5d 得到支持。

(2)调节效应作用方向。基于上述统计分析,评论者资信度(DRQ)在品牌信任(BT)对因变量自有品牌产品顾客线上购买意愿(PI)影响关系中的调节作用未通过验证,而评论数量(NOR)、评论质量(QOR)和评论呈现形式(FOR)在品牌信任(BT)对因变量自有品牌产品顾客线上购买意愿(PI)关系中的调节作用均通过检验。

为了进一步分析品牌信任(BT) * 评论数量(NOR)交互项、品牌信任(BT) * 评论质量(QOR)交互项和品牌信任(BT) * 评论呈现形式(FOR)交互项如何影响因变量自有品牌产品线上顾客购买意愿(PI),现需要进一步检验调节效应的作用方向,本书在参照表 5-15 展示的调节效应分析数据的前提下,分别绘制了评论数量对品牌信任与自有品牌产品线上顾客购买意愿之间关系的调节效果图(图 5-4)、评论质量对品牌信任与自有品牌产品线上顾客购买意愿之间关系的调节效果图(图 5-5)、评论呈现形式对品牌信任与自有品牌产品线上顾客购买意愿之间关系的调节效果图(图 5-6),并逐一进行简单斜率分析。

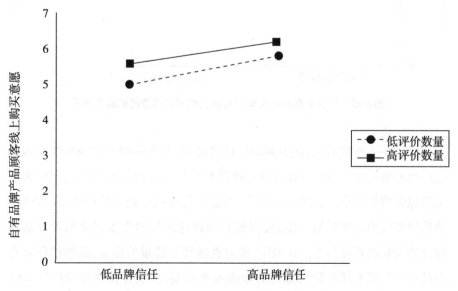

图 5-4 评价数量对品牌信任与线上顾客购买意愿的调节效应

由图 5-4 可以看出,随着品牌信任度的增加,自有品牌产品顾客线上购买意愿整体上呈现不断增加趋势。图 5-4 中直线斜率反映品牌信任对自有品牌产品顾客线上购买意愿影响的大小。如图 5-4 所示,相较于低在线评论数量直线,高在线评论数量的直线斜率稍显平缓,因此低在线评论数量的直线斜率大于高在线评论数量的直线斜率,这说明,随着在线评价数量的增加,品牌信任对自有品牌产品顾客线上购买意愿的影响作用在减弱,在线评价数量反向调节品牌信任与自有品牌产品顾客线上购买意愿之间的关系。也就是说,与低在线评论数量相比,高在线评论数量条件下,品牌信任对自有品牌产品线上顾客购买意愿的影响作用会减弱。

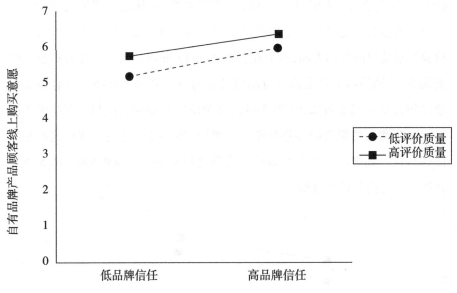

图 5-5　评价质量对品牌信任与线上顾客购买意愿的调节效应

由图 5-5 可以看出,随着品牌信任的增加,自有品牌产品顾客线上购买意愿也不断增加。图中直线斜率反映品牌信任对自有品牌产品线上顾客购买意愿影响的大小。如图 5-5 所示,相较于低在线评论质量直线,高在线评论数量直线的斜率稍显平缓,故而低在线评论质量的直线斜率稍大于高在线评论质量的直线斜率。这说明,随着在线评价质量的提高,品牌信任对自有品牌产品线上顾客购买意愿的影响逐渐减弱,在线评价质量反向调节品牌信任与自有品牌产品顾客线上购买意愿之间的关系,即与低在线评论质量相比,高在线评论质量条件下,品牌信任对自有品牌产品顾客线上购买意愿的影响会逐渐减弱。

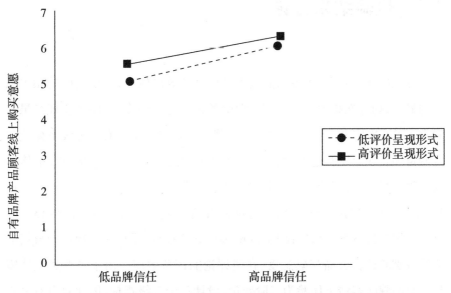

图5-6 评价呈现形式对品牌信任与线上顾客购买意愿的调节效应

由图5-6可看出,随着品牌信任的增加,自有品牌产品顾客线上购买意愿整体逐渐增加。图5-6中直线斜率反映品牌信任对自有品牌产品顾客线上购买意愿影响的大小,相较于低在线评价呈现形式直线,高在线评价呈现形式直线的斜率稍显平缓,故而低在线评价呈现形式的直线斜率稍大于高在线评价呈现形式的直线斜率,这说明,随着在线评价呈现形式的多样化,品牌信任对自有品牌产品线上顾客购买意愿的影响逐渐减弱。这表明,在线评价呈现形式反向调节品牌信任与自有品牌产品顾客线上购买意愿之间的关系,即与低在线评论呈现形式相比,高在线评论呈现形式条件下,品牌信任对自有品牌产品顾客线上购买意愿影响关系会减弱。

5.7   检验结果讨论

综上所述,本书中各变量测量工具信度和效度较高,且变量间的相关系数均显著,均存在相关性。结构模型中各路径均得到支持,路径验证结果参看表5-9。采用 BootStrap 方法验证品牌信任在自变量自有品牌线下体验与因变量顾客线上购买意愿之间的中介效应,由于自变量自有品牌线下体验为二阶变量,设计三个二级指标,共建立了模型 1、模型 2 和模型 3 三个模型,且每个模型的中介效应均得到验证,中介效应验证结果参看表5-13。

运用软件 SPSS 25.0 版本的 Process V3.3 插件,采用多层次回归分析的方法分别验证自有品牌熟悉度、在线评论的调节效应。由于自变量实体零售自有品牌顾客线下体验为二阶变量,设计三个二级指标,因此对自有品牌熟悉度调节效应的检验过程共建立了模型 4、模型 5 和模型 6 三个模型,依次验证自有品牌熟悉度在自有产品体验(SPE)与品牌信任(BT)两者关系间、员工服务体验(ESE)与品牌信任(BT)两者关系间、智能化购物体验(ISE)与品牌信任(BT)两者关系间的调节作用,但结果表明,自有产品体验(SPE)和自有品牌熟悉度(PBF)交互项不显著($\beta = -0.042, p = 0.071 > 0.05$),员工服务体验(ESE)和自有品牌熟悉度(PBF)交互项同样不显著($\beta = -0.006, p = 0.831 > 0.05$),调节作用未通过验证,但自有品牌熟悉度在智能化购物体验(ISE)与品牌信任(BT)两个变量关系的调节作用通过了验证。

由于在线评论为二阶变量,设计四个二级指标,对在线评论调节效应的检验过程共建立了模型 7、模型 8、模型 9 和模型 10 四个模型,依次验证评论者资信度(DRQ)、评论数量(NOR)、评论质量(QOR)、评论呈现形式(FOR)在品牌信任(BT)与自有品牌线上购买意愿关系中的调节作用,结果显示除评论者资信度(DRQ)与品牌信任(BT)交互项不显著($\beta = -0.035, p = 0.201 > 0.05$),除调节作用未通过验证外,其余三个二级指标评论数量

（NOR）、评论质量（QOR）、评论呈现形式（FOR）在品牌信任（BT）对自有品牌顾客线上购买意愿影响关系中的调节效应均通过验证。本书假设检验结果情况参看表5-16。

表5-16　假设检验结果汇总

	研究假设	检验结果
H1a	线下自有产品体验正向影响顾客线上购买意愿	支持
H1b	线下员工服务体验正向影响顾客线上购买意愿	支持
H1c	线下智能购物体验正向影响顾客线上购买意愿	支持
H2	自有品牌线下购物体验正向影响品牌信任	支持
H2a	自有产品体验正向影响品牌信任	支持
H2b	员工服务体验正向影响品牌信任	支持
H2c	智能购物体验正向影响品牌信任	支持
H3	品牌信任正向影响自有品牌线上顾客购买意愿	支持
H4	品牌信任在自有品牌线下顾客体验与线上顾客购买意愿的关系中发挥着中介作用	支持
H4a	品牌信任在自有品牌线下自有产品体验与线上顾客购买意愿的关系中发挥着中介作用	支持
H4b	品牌信任在自有品牌线下员工服务体验与线上顾客购买意愿的关系中发挥着中介作用	支持
H4c	品牌信任在自有品牌线下智能购物体验与线上顾客购买意愿的关系中发挥着中介作用	支持
H5	自有品牌熟悉度在零售自有品牌线下顾客体验对品牌信任影响中发挥着正向调节作用	支持
H5a	自有品牌熟悉度在自有产品体验对品牌信任的影响中发挥着正向调节作用	不支持
H5b	自有品牌熟悉度在员工服务体验对品牌信任的影响中发挥着正向调节作用	不支持
H5c	自有品牌熟悉度在智能化购物体验对品牌信任的影响中发挥着正向调节作用	支持

续表 5-16

	研究假设	检验结果
H6	在线评论在品牌信任对顾客自有品牌线上购买意愿的影响中发挥着调节作用	支持
H6a	评论者资信度在品牌信任对顾客自有品牌线上购买意愿的影响中发挥着调节作用	不支持
H6b	评论数量在品牌信任对顾客自有品牌线上购买意愿的影响中发挥着调节作用	支持
H6c	评论质量在品牌信任对顾客自有品牌线上购买意愿的影响中发挥着调节作用	支持
H6d	评论呈现形式在品牌信任对顾客自有品牌线上购买意愿的影响中发挥着调节作用	支持

　　基于上述实证对研究假设的检验结果,现将本书的理论模型进行适当修正。修正后的理论模型,如图 5-7 所示。

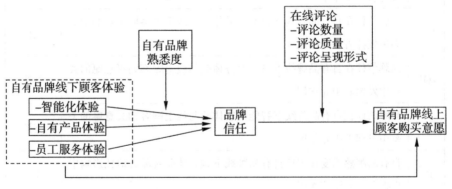

图 5-7　修正后理论模型

6

案例企业分析

6.1　案例选择与数据收集

6.1.1　案例企业选择

本书案例的选择遵循目的性、典型性、启发性和可行性四个基本原则，经过慎重筛选和权衡，最终选取国内实体零售自有品牌先行者屈臣氏作为案例企业进行个案分析。本书的研究成果选择屈臣氏作为实体零售自有品牌线上线下融合发展模式案例的研究对象，主要是基于以下几个方面。

（1）屈臣氏零售行业地位高。屈臣氏是亚洲市场规模庞大、产品门类齐全的个人护理、日化用品零售商，是中国乃至整个亚洲零售行业的标杆，2017 年荣获"亚洲地区最权威的企业管理奖"，2018 年入选"年度中国零售百强名单"，位列第 33 名；2019 年上榜"智慧零售潜力 TOP100 排行榜"，位列第 72 名；2020 年位于中国连锁百强榜单第 30 名；2021 年入选大中华区艾菲效果营销奖，并荣获实效增长—私域增长类铜奖。实体零售行业属于本项目主要研究领域，因此，选择屈臣氏零售品牌进行案例分析具有一定的行业代表性。

（2）屈臣氏自有品牌实践经验丰富。早在 20 世纪 90 年代，为避免同质化竞争，屈臣氏便率先尝试引入自有品牌产品。1997 年屈臣氏将自有品牌战略提上工作日程,着力发展和推广自有品牌,深耕二十余年,屈臣氏自有品牌产品门类非常齐全,涉及饮料、日用、护肤、美妆等领域,共拥有自有品牌SKU数高达2000多种,占商品销售的30%~35%,自有品牌的快速增长为企业实现了差异化的竞争优势,因此,屈臣氏公司在我国零售业内领先的自有品牌发展模式和丰富的自有品牌实践经验,与研究内容、研究目的高度一致,且在国内零售自有品牌领域具有一定的典型性和代表性。

(3)屈臣氏自有品牌顾客基础好。在本次问卷调查关于自有品牌偏好的数据显示,屈臣氏排名第一,约占样本总量的48.1%,这也进一步印证了屈臣氏在零售自有品牌发展中的典型性和代表性。

(4)屈臣氏公开数据多且易获得。屈臣氏集团为港股上市公司,集团财务、市场、销售等相关数据和信息及时通过中证网、中国证券网、上海证券交易所、官网等媒体渠道对外公开披露,比较容易获得,信息收集难度较低,案例分析实施工作具有一定的可操作性和可行性。

6.1.2 案例企业数据收集

根据数据来源不同,可以将数据分为一手数据和二手数据两种。其中,一手数据,又称为原始数据,主要通过调查、访谈、实验或观察等方式直接获取;二手数据主要指那些经过他人加工和处理过的、线上或线下现有文献资料。本书主要采用实地调研和深度访谈的研究方法收集有关屈臣氏自有品牌的一手数据;同时借助互联网络平台,检索零售行业研究报告、登录案例企业官方网站、搜索财经网站、浏览各大门户网站和数字媒体、查阅中国知网公开发表的文献资料获得大量二手数据。

本书主要通过以下渠道进行案例企业数据和信息的收集与整理,数据来源渠道多样化,数据形式丰富,数据质量翔实可靠,具体情况如下。

(1)实地调研。考虑时间成本和经济成本,本书仅对屈臣氏集团个别城市线下实体店铺进行走访和实地调研,感受店铺环境、购物氛围、员工服务态度,查看店铺自有产品种类、价格、陈列布局,体验店铺管理和消费过程的数字化程度等,为案例分析收集了丰富的、可靠的第一手资料。

(2)深度访谈。同屈臣氏个别区域高管进行一对一深度访谈,了解企业战略规划、经营现状,尤其是自有品牌管理模式和发展现状等情况,获得大量的深度原始数据。同时,与屈臣氏线下门店多名店长和导购进行深入交流与互动,从一线员工视角了解屈臣氏自有品牌的管理模式、管理理念、员工管理和现存问题等信息,获取大量真实的、全面的一手资料。

（3）行业研究报告。通过国盛证券、德邦证券、华创证券、东海证券、艾瑞咨询等券商与咨询公司发布的行业研究报告获取了大量案例企业的二手资料,有助于对国内自有品牌行业环境和发展趋势及屈臣氏自有品牌发展现状进行分析研究。

（4）搜索引擎和数字媒体。通过谷歌、百度、电子报纸、屈臣氏集团官网等搜索引擎和数字媒体检索"屈臣氏""自有品牌""顾客体验""O2O"等关键词汇获取相关的新闻报道、市场数据、公司高管公开讲话等二手资料。

（5）中国知网。通过中国知网等学术平台收集相关的学术研究,对屈臣氏线下店铺自有品牌体验营销和顾客线上网店购买意愿及购买行为等变量间的内在形成机理进行深入分析。通过对各类信息和资料的整理分析,梳理了屈臣氏自有品牌新零售发展的现实情况。

6.2　案例企业屈臣氏自有品牌线下引流线上举措

6.2.1　案例企业简介

（1）屈臣氏概况。屈臣氏前身为"屈臣氏大药房",1841 年由英国人 A. S. Watson创建于香港,公司名称也依据创建人名字音译而来,这便是屈臣氏品牌名称的由来。1981 年屈臣氏被李嘉诚旗下和记黄埔有限公司收购为子公司,并凭借和记黄埔有限公司先进的管理理念和成熟的发展模式快速扩张,不断开疆扩土。1989 年在北京创建中国大陆首家门店。屈臣氏集团是全球知名的国际保健美容零售商,主要经营美容保健、高级香水及化妆品,食品、电子及洋酒,饮品制造等多系列零售商品。

屈臣氏(个人护理)是长江和记实业有限公司旗下的重要成员和屈臣氏集团旗下最主要的零售品牌,也是亚洲最大的化妆品连锁店,业务遍布亚洲和欧洲的 15 个市场,拥有 8000＋实体门店。屈臣氏个人护理门店坚持"LOOK GOOD,DO GOOD,FEEL GREAT"(健康、美态、快乐)服务顾客理念,配合一支专业的美容导购团队,为顾客个人护理提供个性化的咨询和服务。深耕中国大陆健康美容零售领域三十多年来,屈臣氏市场已经渗透到国内各个城市和地区。屈臣氏官网的数据显示,截至目前屈臣氏在国内 500 多个城市中拥有 4100 多家门店和 6300 多万名付费会员,主要经营护肤、彩妆、个人护理、洗发沐浴、婴儿洗护等多个门类日用商品。

尽管屈臣氏在国内起步较早,在个人护理零售行业具有一定的领先优势。但是,伴随着互联网普及和电子商务的崛起,花西子、完美日记等一系列网络国潮护肤化妆品牌迅猛发展,给屈臣氏实体零售经营带来巨大冲击。自 2015 年以来,屈臣氏在中国的营收每年都出现了显著下降趋势,在 2016 年的营收首次下滑 4%(杨浔,2022)。为缓解美容个护行业竞争加剧、营收下滑的困局,2016—2018 年,屈臣氏中国区延续屡试不爽的拓店策略,加快开店速度,布局线下实体店铺,快速增加门店数量,三年时间使门店数量从 2929 家迅速扩张到 3608 家,同期营收增速分别达到−4%、4%、10%。但随着 2019 年底新冠疫情的全面爆发,实体行业遭受重创,屈臣氏收益出现明显下滑。《南方日报》记者黄晓韵指出,受疫情影响和新型美妆集合店的"围剿",2020 年屈臣氏中国市场收益总额为 167.39 亿元,同比下降 19%。2021 年上半年屈臣氏销售业绩有所复苏,中国区市场的销售额同比上涨 32%(《南方日报》,2022),仍然无法恢复到疫情前业绩水平。伴随着疫情结束和消费回暖,长期专注于线下开店的屈臣氏,却错失电商红利期。屈臣氏母公司公开发布的年度财报数据显示,受综合因素影响,2022 年屈臣氏(中国)市场营业收益总额达 175.79 亿港币(约合人民币 154.69 亿元),同比下降近 23%,虽有下降,但企业整体依然营利,是疫情以来为数不多没有亏损的大型零售商之一。

(2)屈臣氏自有品牌概况。屈臣氏门店主要经营两大类品牌:一类是制造商品牌,例如相宜本草、妮维雅、卡尼尔、阿迪达斯、美即面膜、巴黎欧莱雅、力士、丁家宜、沙宣等知名品牌;另一类则是自有品牌,例如冬虫夏草系列(Cordyceps)、燕窝系列(Bird's nest)、Water 360 系列、橄榄系列(Olive)、骨胶原系列(Collagen)、My party gal 派对女孩彩妆系列和 Letsaqua 海洋水润美妆系列等独有品牌。这些自有品牌是由屈臣氏凭借零售渠道品牌优势而自主创建,并自行生产或委托知名制造商生产产品的自创品牌和屈臣氏命名的品牌。目前,屈臣氏自有品牌以屈臣氏命名为主,极少数自有品牌属于自创品牌。因此,绝大多数屈臣氏的自有品牌产品包装上都显示"by Watsons"字样。屈臣氏的营业收入和销售利润主要来自自有品牌。自有品牌已成为屈臣氏降低经营成本、获取高利润、实现差异化竞争优势的重要战略之一。

早在 1997 年前后,屈臣氏就已率先尝试引入自有品牌商品,但自有品牌商品较少,仅占商品销售总额的 5% 左右。2001 年屈臣氏将自有品牌纳入企业战略管理层面,着力推进自有品牌发展和宣传,自有品牌 SKU 达 200 多个,约占商品销售总额的 10%,自有品牌竞争优势和营利能力凸显。2006—2007 年屈臣氏自有品牌发展进入快车道,自有品牌 SKU 增至 1000 多个,自有产品销售占比迅速提升(宗琼,2008)。2010 年前后屈臣氏自有品牌快速扩张,据《北京商报》(李铎,2011)报道,截至 2011 年 3 月底,屈臣氏自有品牌商品的销售占比已增至 15%。经过二十多年深耕,屈臣氏自有品牌 SKU 高达 2000 多种类别,占比为 30% ~ 35%,每周推出的 200 多个新产品中,有 10% ~ 20% 是自有品牌(马凯旋,2022)。屈臣氏自有品牌涵盖护肤、美发、彩妆、饮料、日用品、蒸馏水等门类,其中护肤和彩妆两大系列在屈臣氏自有品牌销售额中占较大比重,也是为屈臣氏利润增长贡献最大的两类自有品牌。基于此,本书通过梳理文献和检索官网,将着重从品牌名称、目标市场、市场定位等方面梳理屈臣氏美妆和护肤两大系列自有品牌,以此了解屈臣氏自有品牌基本概况。

随着互联网络发展和电子商务的崛起及消费者购买习惯转变,线下实体零售行业受到一定冲击。在线下新兴美妆集合店和线上网络日化美妆零售的合力"围剿"下,屈臣氏传统线下实体店铺及其自有品牌在激烈的日用、美妆、护肤领域的市场竞争优势逐渐丧失,屈臣氏自有品牌市场后劲不足。

具体表现在以下几个方面。

第一,屈臣氏自有品牌中国市场的认知度不高。我国自有品牌发展整体处于探索阶段,自有品牌普及度和推广度相对较低,自有品牌市场份额不足10%,自有品牌中国市场的认知度普遍偏低,因此,对于率先实施自有品牌战略的屈臣氏而言,其自有品牌在中国市场的认知度依然处于较低水平之上。

第二,屈臣氏自有品牌中国市场的认可度不高。虽然屈臣氏自有品牌品类丰富,新品研发快,推送速度快,在店铺所有商品中所占比例较高,但大部分自有品牌产品属于模仿市场爆款或网红产品,SKU同质化现象较为严重,自有品牌成为简装、低质低价、引流的代名词,差异化优势不够凸显,自有品牌在中国市场的认可度较低。马凯旋(2022)以屈臣氏自有品牌彩妆产品为例进行调研统计分析,发现屈臣氏自有品牌彩妆产品的认可率只有32%。

第三,低价策略与个性化需求不匹配。屈臣氏始终坚持中低端定价的市场渗透策略,以低价吸引顾客选购。相较于近几年火爆出圈的故宫博物院推出的故宫口红、花西子雕花口红及完美日记的国家地理眼影盘等美妆产品,屈臣氏自有品牌明显不具品牌独有的爆款和特有的记忆点,很难真正地"打动"顾客,并与顾客建立较强的关联,同时还可能给顾客选购造成选择性压力。屈臣氏自有品牌品质尚存较大的提升空间。

第四,新兴美妆集合店的线下冲击。近几年,THE COLORIST、WOW COLOUR、喜燃等各类新兴美妆集合店在国内高歌猛进,加速扩张,店铺内色彩绚烂的美妆蛋墙、口红墙和耳饰墙以及新颖的装修风格吸引了大量年轻群体到店打卡消费,在各大社交平台晒图宣传,相比较之下,屈臣氏门店传统密集的货架型排列格局明显对"80后""90后"年轻群体缺乏吸引力。

第五,网络日化美妆零售的线上冲击。在当今零售行业"体验在店里,成交在网上"的态势下,来势汹汹的网络日化美妆零售商在抖音、小红书、各种美妆护肤app等新式社交平台上的花样营销都给屈臣氏的自有品牌发展带来巨大冲击和压力。

6.2.2　屈臣氏自有品牌线下实体店铺顾客体验

品牌营销是顾客注意力的争夺,更是顾客体验的竞争。数字化时代,顾客的消费理念和消费模式不断迭代升级,顾客体验来源日趋多样化,但是实体门店在为顾客提供丰富的、客观的感官体验方面仍然发挥着不可替代的竞争优势。原屈臣氏中国行政总裁高宏达也曾公开坦言,相较于网店虚拟体验而言,实体零售门店在顾客体验方面依然保持着绝对的竞争优势。群邑智库《2023 品牌营销趋势报告》数据显示,遍布各大中小城市的屈臣氏门店,为顾客提供实实在在的线下体验,不但成为品牌与顾客双向沟通、有效互动的触点,也在护肤美妆行业中发挥着提升顾客体验的示范作用。

(1)深耕自有产品,提升顾客产品体验。自有品牌商品通常是生产商或委托商直接生产供货给零售商,中间环节较少,分销渠道短,因此在严格控制各项成本的基础上,自有品牌商品价格往往要比其他同类竞品低很多。一直以来,低价是自有品牌商品备受顾客青睐的主要原因。正因于此,长期以来,自有品牌被顾客贴上"价低、质差"的标签。从产品整体概念角度看,自有品牌产品的品质和功效才是产品的核心内容,是顾客最在意、最能打动人心的产品属性,也是影响顾客体验、提升顾客满意的关键点。基于此,屈臣氏自有品牌从以下方面着力提升顾客产品体验。

第一,重视调研数据,精准把握细分市场需求。市场调研是成功研发自有品牌的第一步,也是最关键环节。屈臣氏重视终端市场信息调查。例如,2015 年屈臣氏与尼尔森机构联合开展"国民美颜大调查"等活动。屈臣氏自有品牌新品研发坚持用"数字"说话。屈臣氏凭借渠道优势,近距离与顾客和潜在顾客接触,获取丰富的市场信息,并进行信息分析与处理,甚至构建数学模型,敏锐洞察客户的现时需求和潜在需求,据此决定自有品牌商品品类方向,不断拓展自有品牌产品组合宽度和延长自有品牌产品线的长度,不断丰富自有品牌产品组合,通过提供差异化自有产品,直击消费痛点,最大限度满足顾客个性化、多样化的动态需求。屈臣氏拥有多个自有品牌,并针对不同年龄、性别、类别的细分市场群体推出不同品牌和产品。

屈臣氏是跟进热销品的典范。个人护理和美容商品因使用频率高、适用人群庞大而最容易出现热销品。屈臣氏门店内个人护理和美容护肤货架随处可见贴有"by Watsons"字样的自有品牌商品。屈臣氏自有品牌新品研发和设计也是基于大量的市场调研数据。《第一财经日报》记者乐琰报道(2015),屈臣氏市场部负责人曾透漏:"通过市场调查,屈臣氏会准确掌握近一段时间排名前10的商品,然后根据前10位热销产品信息,屈臣氏会快速研发自有品牌商品并面市。"屈臣氏自有品牌研发借助市场调研信息,通过敏锐的市场反应和"蹭热度",巧妙地开发了"红"市场,给门店带来流量和利润。

屈臣氏着力研发冷门产品。基于庞杂市场调查数据,屈臣氏自有品牌新品研发瞄准不同的细分市场,屈臣氏不仅抓住了"红"市场,同时,极力拓展空白市场,挖掘潜在需求,用心专注于"冷门市场",通过差异化战略,研发具备不同功效小众自有产品,直击消费痛点,满足不同小众群体个性化需求。店内导购人员高度关注顾客诉求,注重对顾客反馈信息搜集,在推介产品的同时承担着"情报官"角色,主动搜集类似"您对本次购物是否满意?""您认为本店还有哪些地方需要改进?"等信息。屈臣氏自有产品的构思和灵感多数都是基于市场调查数据和消费痛点。例如,品牌 ELEFT 是屈臣氏自创的时尚有趣足部护理自有品牌。该品牌由于满足顾客足部护理的个性化需求,受到大部分顾客一致好评,并连续多次荣获"屈臣氏人气足部护理产品大奖""屈臣氏挚爱护足大奖"等荣誉。目前该自有品牌共开发女士行走、男士行走、防臭、美足、增高和4D 技术等六大系列自有产品。例如,为了解决女性顾客鞋子磨脚、水泡、防滑、掉跟、新鞋磨合等日常行走困扰,屈臣氏 ELEFT 自有品牌推出女士高跟鞋标配的后跟帖、前掌垫、夹脚垫等产品。

屈臣氏加快自有品牌新品推送速度。当今时代,随着社会经济环境和科学技术环境的发展变化,现代消费者的需求结构、内容和性质也处于不断的动态变化之中。因此,只有及时分析了解消费者需求的变化动态和发展趋势,才能从整体上把握顾客消费心理与引导消费行为。屈臣氏通过市场调研,及时洞察消费者动态的、个性化的需求,并快速推出新品以响应消费者新的需求。在积极主动迎合市场需求的过程中,屈臣氏自有品牌产品组合的宽度、长度和深度得以不断拓宽、延伸。屈臣氏自有品牌产品门类齐全,涉及面部护肤、身体护理、妇女卫生护理、洗护用品、美妆等多个领域。其中屈臣氏自有品牌面部护肤品比较多,涵盖清洁、护肤等多个方面,例如 Collagen by Watsons 系列推出抗皱紧致、垂直纹抚平、弹润滋养等不同功效自有产品,满足不同顾客群体多样化的护肤需求;屈臣氏身体护理领域的自有产品也相当丰富,涵盖了沐浴、护肤、剃须等多种方面,例如,Cucumber by Watsons 甘荀舒爽系列因推出保湿、清洁、补水等不同功能的自有产品而备受消费者青睐;卫生护理品方面,除了自创 Living Easy by Watsons 品牌推出紧贴女生生理特征的卫生巾满足女性特殊护理的需求,同时自创 One Day by Watsons 为产妇提供一系列舒适和贴心的产前、产后及不规律经期护理产品。通过品牌定位和市场细分,针对个性化需求,屈臣氏为消费者量身打造独有的自有品牌和特有的自有产品。屈臣氏凭借自有品牌的新品推送速度、种类丰富、功能齐全和款式多样最大限度地满足顾客多样化、动态化的需求,提升顾客的产品体验。

第二,严把质量关,提升产品品质。随着消费升级,消费者越来越看重产品品质。屈臣氏于 2011 年建立了国内健美与零售业界首个质检实验室,这将为屈臣氏自有品牌商品质量监管提供有力保障,为高品质的自有品牌产品保驾护航。屈臣氏个人护理店提出"健康、美态、快乐"经营理念,迎合顾客热爱生活、追求品质、力求内外一致的美好愿望。产品质量是关乎消费者健康的头等大事。屈臣氏践行对消费者的承诺,高度重视自有产品质量。然而,屈臣氏自有品牌多采用 OEM 代工生产模式。因此,屈臣氏自有产品的质量控制主要从原材料质量和生产环节两个方面入手。

1)精心挑选的原材料。屈臣氏个人护理店经营理念的第一条就是"健康"。作为医美行业的标杆,屈臣氏首要考虑的就是消费者健康,只有无毒、无害、无污染等高品质的护肤美妆产品才能兑现屈臣氏对顾客的承诺并维护顾客切身利益。采购、生产、运输、销售各环节均会影响产品质量,但源头控制至关重要。因此,选材是确保自有产品品质的关键环节。因此,屈臣氏自营产品在原料的选择上非常谨慎。屈臣氏护肤类自有品牌商品成分主打原生态、纯天然。例如,屈臣氏 Olive 橄榄系列自有产品成分萃取于橄榄叶、橄榄花、橄榄芽、橄榄果等天然原料;DR. magic 魔法医生取材具有消炎功效的积雪草,修复受损肌肤、消除痘痘;专为成熟男士消费群体推出的Aa Kode+奢睿的成分则萃取于黑珍珠、黑醋栗、墨角藻、黑鲟鱼子和黑泥五大黑色精粹。同时基于长期的日化行业经验,屈臣氏依托严格的、成熟的原料采购流程,确保所采购的原料符合国际及行业相关标准,为消费者提供安全、放心的自有品牌产品。

2)高质量的生产工艺。作为零售出身的屈臣氏并不具备自行生产条件,绝大多数自有品牌商品都采用 OEM 代工生产模式。因此,屈臣氏在代工厂选择、商品生产制造和商品运输等环节加强质量控制和流程管理,以确保自有产品品质卓越。一是择优选择代工厂。屈臣氏通过严苛的甄别机制和筛选程序精选代工厂,要求代工厂必须符合 ISO22716、ISO9001:2008、BSCI 等质量管理体系标准,真正做到从源头确保产品高品质。例如,针对热销型自有品牌商品的生产,代加工工厂首选推出同类热销品的 A 类品牌的同一生产工厂或类似工厂。此处 A 类品牌主要是指业内一线的知名品牌,比如日化领域的宝洁等,确保代工厂具备业内一流的制作工艺和生产水平。二是强化过程的质量监控。屈臣氏内设专门的自有品牌部,下设自有品牌总经理和自有产品研发、生产、市场推广等管理人员,专业的生产团队和管理团队,可以对自有产品生产、加工、检测等整个过程进行仔细的监控和控制。另外,屈臣氏大部分自营产品均采用 ISO9001 质量管理体系认证,确保每一件自有品牌产品质量达标,更加可靠可信。

第三,精心设计销售包装,迎合顾客审美。从产品整体概念角度看,包装属于形式产品,是核心产品的外在呈现形式。因此,包装也是产品整体中不可缺少的一部分,"包装"和"产品"如影随形,是互为依存,无法分离的。同时,销售包装是产品的无声销售员和代言人。精美的包装发挥着保护产品、引领时尚、加速流通、促进消费等功能,积极地影响消费者的购买意愿和购买行为。在当今这个颜值时代,屈臣氏更是深刻认识到包装对于吸引消费者注意力和驱动自有品牌发展的重要性。为了摆脱雷同和简单复制的束缚,屈臣氏在自有品牌产品的包装上下了一番"苦功夫"。

瞄准目标顾客的审美,包装突出时尚感。屈臣氏中国市场的目标市场主要是"90 后""00 后"等年轻群体,这类消费群体追求个性、时尚、潮流、新鲜、刺激。因此,屈臣氏自有品牌产品包装设计中融入更多时尚、酷炫和潮流元素,以迎合该细分市场消费群体的审美并实现认同。例如,面对 Z 时代年轻消费群体审美趋势的变化,屈臣氏 2021 年推出的一款 X SODA 苏打汽水因潮酷的包装而迅速出圈。细长的罐身,鲜亮的主色调,正面三条彩色 bar 组合动态、旋转并最终堆叠成数字"X"造型,代表着未知和想象,而产品包装背面虚拟人物是日本首位虚拟模特 imma,她梳着粉嫩色的 bobo 头,形象非常突出,这种介于虚拟与现实之间的未来感设计与产品的"未知""潮酷"属性一致,更符合当下年轻人追求新鲜、刺激的审美需求。同时,小魔方礼盒的外观采用了更潮酷、时尚的明快配色,画面极具立体感和视觉张力,粉和黄两款颜色则分别对应荔枝马天尼和椰林飘香两种口味,"混调"属性正体现出产品的神秘、个性。

除此之外,根据 Z 世代群体与网络的密切关系,屈臣氏自有品牌销售包装紧跟网络时尚热词。如屈臣式猫抓任试瓶的设计灵感或许正是来源于网络热词"喵星人"(猫的网络昵称)。她机敏灵活、做事小心谨慎、爱独来独往,却又有点神秘、可爱的形象特征也恰恰符合年轻女性少女心的内在需求。

洞悉顾客需求,包装凸显便利性。一款设计优秀的、能打动顾客的产品包装,不仅要迎合目标市场群体的审美偏好,让顾客看到产品眼前一亮,爱不释手,更要确保使用过程中的安全、简单、便捷、易操作。好看又有眼缘的产品包装,如果在使用过程中出现打开困难、携带不便、受到伤害等困扰,将会使顾客的消费体验大打折扣,进而影响顾客对自有产品整体的评价。屈臣氏依托渠道优势,广泛收集并采纳顾客诉求和建议,在产品包装便利性设计上不断做大胆的尝试和探索,创新产品包装,直击消费痛点。消费者李女士曾坦言:"我有时出差需要旅行装用品,有时候在家里又需要特大量的家庭装用品,这些特别小型或特别大型的包装在一般品牌中很难找到,但屈臣氏自有品牌就有这些不同型号包装的商品,很好地满足顾客出行携带和居家使用的要求。"(《南方日报》,2022–01–14)

当前,便利性包装已成为屈臣氏提高自有品牌商品销量的一大法宝。屈臣氏自有品牌在坚持小包装和大包装并存的前提下,紧跟市场需求变革包装袋,目前推出可透视、可重复封装等包装袋,在包装便利性方面做足了文章。屈臣氏蒸馏水特有的瓶盖采用绿色塑料材质,象征着滴滴清纯。瓶盖上设计倾斜指肚沟痕可以增大摩擦力,方便消费者轻松打开瓶盖。瓶身中部位置更大面积的倾斜指肚沟痕和纵向不规则粗线条设计,这些瓶身表面用心的粗糙设计能大大增加摩擦力而有效防止水瓶滑落。

屈臣氏门店内消费者这种"看得到、摸得到、闻得到"的产品感知,是线上网络购物平台上任何触点体验所无法提供的,也正是基于这种全方位的感知体验,消费者购买前可以客观、全面、真切地把握对自有产品的感受,科学决策,有效降低选购风险,进而带来更好的口碑和更高的复购率。

(2)不断升级的终端服务体验。产品整体概念认为服务是延伸产品,属于产品整体中不可或缺的组成部分。因此,在当前竞争激烈的日化零售领域,仅从核心产品和形式产品层面凸显竞争优势是远远不够的,且难度系数愈来愈高,优质服务已成为各大零售企业实现差异化、提升综合竞争力的有效切入点。屈臣氏中国市场门店通过不断优化服务提高顾客整体购物体验。

1)重新定位导购人员,提供专业性服务体验。导购人员是实体门店环境下的业务员,也是直接面向顾客的终端业务员。导购人员的服务意识、服务态度和服务水平将直接影响着到店顾客的购物体验。屈臣氏导购主动、积极、热情的服务曾一度是屈臣氏门店吸引流量、提升销量、突出差异化的一大法宝,但近几年服务过度的屈臣氏导购却饱受诟病。不少曾有过出入屈臣氏门店经历的消费者,都有过被屈臣氏导购"热情招待"的感受:热心地询问顾客需求、紧追不舍的尾随、反复提醒自有品牌促销信息、极力推荐换购、推销某款单品、不断提醒办理会员卡、强行推荐屈臣氏自有品牌产品等。过于热情的屈臣氏导购招致顾客的不满、反感和对抗。顾客甚至给屈臣氏导购贴上"碎嘴导购"的标签。年轻一代消费群体,具有很强的知识获得力、信息收集力和产品鉴别力,他们独立、自信,不喜欢被打扰。相较于被屈臣氏导购"忽悠""灌迷魂汤""唠叨",他们更偏好通过 KOL 测试内容"做功课"和"理性种草",更愿意相信自己的理性、自主的决策。屈臣氏也深刻意识到门店热情导购的过度服务对顾客是一种打扰,更会成为顾客的一种负担,也会拉低顾客的消费体验。2017 年在 GMIC 全球移动营销峰会上,屈臣氏前任中国行政总裁罗敬仁曾提到,"我们和年轻客户之间的交互体验还比较差,对此我们深感抱歉。我们将寻找更好的方式与客户建立更亲密、更良好的关系"。

意识到终端服务存在的问题,屈臣氏及时转化思路、调整服务,一改往日的导购强势服务的方式,更多从顾客需求角度出发,以"让顾客感觉舒服、自由自在"为导向,强化导购专业化培训和话术培训,提供适时、适度的导购服务。为此,2020 年屈臣氏总部专门设立培训中心,每年对超过 3000 名美容顾问(BA)进行皮肤测试、SPA、化妆等多方面培训,邀请航空公司和五星级酒店等服务行业的知名培训导师,传授 BA 与消费者建立紧密关系的方法。

走进一家屈臣氏门店,当顾客示意不需要介绍,只想自己随便看看时,导购便不会一路跟随,而是转身安静离开;当顾客有疑问、需要介绍和引导的时候,导购会耐心详细地解释,把顾客引导到所需商品货架前,也会进行一定的推销和促销活动介绍,但话术明显温和许多。屈臣氏门店用专业性服务替代传统导购型服务,尊重顾客在选购中的自主性。导购人员也从初级的产品推销员华丽转身为一名专业的 BA。

2021 年 7 月至 9 月,屈臣氏在北京、上海、广州、深圳等城市推出"静静服务月"品牌服务升级活动,以"静静"之名,重新定位全体 BA,给顾客提供免打扰、恰到好处的购物体验。健康美丽顾问佩戴着不同的"静静"臂章,为顾客提供专属的美容咨询服务。顾客也可以依据自己的消费经验和个人偏好指定专属的"静静"美容顾问为自己提供一对一的专属服务。顾客以静静的方式,接受来自不同"静静"带来的专业服务。屈臣氏"静静"新人设恰好迎合了当前绝大多数年轻消费者对安安静静购物模式的需求,迅速霸屏出圈,吸引一大批粉丝进店体验。BA 不只是一次性的产品推销员,更是顾客长期的美丽顾问和专属的消费小管家。目前,屈臣氏拥有 4 万专业 BA 资源,是连接自有品牌与顾客体验的重要触点。

2)提供超预期的增值服务,提高顾客消费体验。零售市场的竞争除了产品之外更多的是服务层面的竞争,在产品高度同质化的情况下,服务能力的强弱往往就决定了门店的核心竞争力。屈臣氏各门店通过提供附加服务和超预期增值服务的方式搭建与顾客多渠道关系沟通模式,不仅建立与顾客之间的交易关系,尤其是与顾客建立的情感联系,从而增加顾客的好感和认同,增强顾客的消费体验,也大大提升了门店的转化率和重购率。屈臣氏官网数据显示,针对庞大的会员群体,屈臣氏除了推出全渠道各门店享受同步积分、享受会员折扣等会员福利,同时还通过六大增值服务全面提升顾客消费体验。

A 类增值服务:定制彩妆服务。屈臣氏中国门店内配备专业的定制彩妆服务,会员顾客通过登录"屈臣氏会员中心微信小程序"可以提前预约免费彩妆定制化服务,到店后即可体验专业化妆师和护肤专家团队为顾客打造的定制妆容。该项服务涵盖隔离、粉底、遮瑕、定妆、画眉、眼影、眼线、睫毛、腮红、高尖、口红整个彩妆的环节,打造顾客满意妆容。

B 类增值服务:SPA 护理服务。屈臣氏七成门店内配备 SPA 服务,BA 专业手法搭配先进的仪器设备,为顾客解决肌肤问题的困扰。会员顾客登录"屈臣氏预约助手小程序"依据自己时间提前预约服务项目,到店即可体验专业手法的 SPA 服务,无需因排队等待而浪费时间。该项目主要涵盖卸妆、洗面奶、清洁泥膜、注氧、按摩紧致提拉、深度清洁去粉刺和黑头、精华导入、眼部护理、修眉、湿敷收缩毛孔等面部 SPA 及头部按摩、颈肩按摩等服务,给顾客带来超值服务体验。

C 类增值服务:皮肤测试服务。屈臣氏大多数门店内配备专业的皮肤测试设备和美容咨询顾问。顾客根据消费经验,可指定自己的私人御用护肤顾问。护肤专家会通过科学专业的测试服务,为顾客分析皮肤类型、皮肤状态及存在的皮肤问题并给出专业的护肤建议、推荐有针对性的护肤品,增进导购员与顾客间的互动和信任。一些时尚的、新潮的门店内增加了如"Skin Test 来试我"皮肤测试和护肤指导等有趣的体验服务。

D 类增值服务:眉形设计服务。屈臣氏部分门店提供眉形设计服务,会员顾客登录"屈臣氏会员中心微信小程序"可以预约免费的眉形设计服务,预约成功到店即可体验眉形设计、画眉和修眉等服务,使顾客拥有精致眉形。同时,针对美妆等系列自有品牌产品,屈臣氏不定期开展打造 BA 眉型大师活动,活动范围覆盖超过 1000 家门店,影响更多的顾客。BA 在为顾客设计眉形的过程中,通过自有产品的立体展示,使顾客在体验中充分感知美妆自有产品和自有品牌,获得良好的服务体验,增强顾客认同和满意度,并带动真实消费,有助于实现品销合一。

E 类增值服务:任试瓶服务。屈臣氏中国所有门店最佳位置均设置有任试架,架上摆满大量自有品牌新品和热销品的任试瓶供顾客需求偏好随意选择、试用,且任试架上陈列商品会跟随市场和研发新品实时更新、调整。正所谓"试过不买错"。顾客 0 元将心仪的产品试用装带回家试用,根据试用效果决定是否入手,大大降低选购中的不确定性。这样顾客既可以有效避免"踩雷",也可以降低选购风险和选购成本,从心理上免除了顾客的后顾之忧,鼓励顾客积极、大胆地尝试新品。通常情况,新开绿卡会员当月可领取 3 个任试瓶,次月起按该会员正常等级领取任试瓶。如绿卡会员每月仅可领取 1 个任试瓶,黑卡会员每月则可领取 3 个任试瓶。

F 类增值服务:后悔药服务。屈臣氏向会员做出郑重承诺,会员购买产品后的 7 天内,可在符合条件的情况下申请退货退款,产品开瓶开盖也能退。屈臣氏后悔药服务的适用条件:①若退货商品可计算容量或数量,且其使用容量不超过原装容量/数量的 10%(片状面膜除外)。②退货商品为化妆工具等无法按容量/数量计算的产品,则退货商品新旧程度不得低于 9 成新。③退货为片状面膜类产品,每单中每种面膜开封使用的数量不得超过 1 片。每单购买的商品符合要求的可以全部退货或部分退货;订单中享受了优惠的商品,退款时需相应扣除所享受的优惠金额。④每单仅限行使一次退货权力。该项服务使得顾客只有购买的安全感,没有买错的遗憾,直击顾客的消费痛点。屈臣氏为顾客决策失误买单的增值服务,一方面展示出屈臣氏对自有产品和自有品牌的信心,另一方面给足顾客安全感和售后保障,让顾客放心大胆消费,创造了极致的服务体验,有利于增强顾客的品牌信任。

3)重构消费场景,带给顾客惊喜体验。全面升级门店。2015 年左右,为提高新一代消费者到店体验,屈臣氏全面启动门店升级计划,重构顾客消费场景。屈臣氏门店外观装潢设计打破原有"千店一面"的传统标准化模式,实施分级管理,强调个性化和差异化,以迎合年轻群体的个性化需求。例如,屈臣氏中国区第3000家门店一改原来经典的墨绿风色系,换为极具现代感的黑白色系,以黑白为主色吸引顾客,店内装修、商品陈列则运用了比较明快活泼的元素,整体给人一种干净、极致简约的观感,迎合了年轻群体的消费心理,给进店顾客带来视觉冲击力。

创造"WOW"时刻。在注意力缺失和信息碎片化时代,屈臣氏用心设计、不断创造"WOW"时刻,让顾客收获远超期望值的服务和价值,产生意外之喜,并主动通过自媒体等网络渠道传播体验与喜悦。例如,2021年7月至9月,屈臣氏和快看漫画跨界合作,超人气二次元CP主题店在上海、北京、深圳等城市的各大门店惊艳登场。

门店摆放萧河与沈心、荀桉与杨沐的CP海报,吸引大量年轻人驻足拍照打卡。同时,进店顾客现场可免费体验沈心、荀桉同款妆容,除此之外还可免费领取独家限定礼盒、漫画同款限定、扇子或明信片等。二次元浓度满满的购物场景、身临其境的独特体验和免费的定制款礼物给顾客带来意想不到的收获和满足感,迅速圈粉Z世代和ACGN顾客群体。

屈臣氏通过升级门店、营造独特的消费场景,真正做到充分尊重消费者作为"主体"的价值观,与顾客内心产生共鸣,为顾客奉上令人惊喜不断和物超所值的购物场景,带给顾客惊喜体验,从而赢得顾客高度信赖。

4)人性化的摆设,营造舒适购物环境。注重创造令消费者舒适和满意的购物环境,店铺内布局合理,摆设的色调和造型在设计方面充满现代感,明亮宜人。与此同时,店铺内部环境整体设计极富人性化。因为屈臣氏的目标消费群体以女性居多,考虑到国内年轻女性的平均身高,屈臣氏店铺将货架的高度降低,设计为1.4米高度,主流产品陈列在1.3~1.5米高度的货架上,方便不同年龄、不同身高的消费者轻松取放。此外,屈臣氏将走廊拓宽,灯光也采用柔和的色彩。上述一系列人性化操作为顾客创造了舒适的购物环境,有利于消费者获得极佳的购物体验。

(3)强化智能化的购物体验。为了更加高效、便捷地响应需求和服务顾客,数字化时代背景下,顾客导向型日化零售未来的高质量发展必定是依托数字化工具无限贴近顾客和链接顾客的过程。早在2017年前后,屈臣氏已经开始着力提升门店的数字化服务水平。屈臣氏在北京、上海、广州、武汉、重庆等一、二线城市的门店率先启动内部设备升级改造工程,店内纷纷增设自助收银台、Makeup Studio 美妆互动区、皮肤测试区,引进自助收银、皮肤测试、AR 虚拟试妆、智能 BA 机器人、RFID 智能货架等智能设备和智能系统,大大提高门店服务的智能化水平,增强顾客的互动感、新鲜感和科技感,为顾客提供智能化、便捷性的购物体验。

1)引进无人自助服务智能系统,提高购物过程的便捷性。屈臣氏的"无人货架"开启全新的"无人自助消费"模式。屈臣氏门店的"无人自助消费"模式主要分"扫码购"和"自助收银"两种购买方式,顾客到店消费可自由选择结算方式。当使用扫码购服务时,顾客可以首先选好自己所需的产品,然后打开微信"扫一扫"功能,扫描心仪产品的二维码就能够迅速进入屈臣氏的微信小程序,并跳转到支付页面,顾客可依据个人偏好选择第三方支付平台,完成在线支付。当使用自助收银结算方式时,顾客可以提前绑定手机上的会员卡,然后通过自助收银台扫描自己挑选好的日化商品的条码,选择微信或者支付宝等喜欢的支付方式,支付完成后顾客可以打开"屈臣氏服务助手"微信公众号查看收银小票。

这种扫码购和自助收银的"无人自助消费模式",大大减少了收银员的工作量和需求规模,降低人工成本,自助付款方式不仅方便、快捷,而且大大缩短了顾客购买时间,降低了顾客时间成本,可以有效缓解或消除顾客排队等待结算的负面情绪,极大提高了顾客购买过程的智能化消费体验和购买满意度。正如顾客张女士所言,"选择好需要的商品,直接到自助收银台前付款,整个过程很快,操作也非常简单,节省了不少时间,这种全新的自助购物体验很棒"。

2)引进 AR 虚拟试妆智能设备,增强选购环节的趣味性。为了选到一款最适合自己的化妆品,传统的试妆方法是让美容顾问用店内试用装产品给顾客涂抹后看上妆效果,这种反反复复地涂抹试妆耗时且麻烦。屈臣氏引进 AR 虚拟试妆黑科技。顾客只需坐在 AR 虚拟试妆智能设备前,系统便会自动识别顾客脸部,然后提供近期各种爆款美妆式样供顾客自主选择,顾客只需要在显示屏幕上轻轻触碰腮红、口红、眼影、眉毛、睫毛等虚拟产品不同色系和款式,则所选色系妆品便会立刻虚拟上脸,顾客一秒内便可轻松完成

3D 动态试妆,直观查看虚拟妆品的试妆效果。高效率、智能化、趣味性的试妆过程给顾客带来沉浸式的购物体验。此外,屈臣氏多数潮流门店还通过增加如"Style Me 来彩我"等虚拟试妆项目凸显店铺的时尚感、新潮化和技术性,在帮助顾客快速、科学筛选适合自己的妆容和化妆品的同时,增加顾客购物过程中的智能化体验。

3)引进皮肤测试仪器,提升选购的科学性。屈臣氏门店设置专业皮肤测试仪器,由专业 BA 协助顾客免费进行水分含量、肌底抗衰度、皮肤敏感度、色素分解度和油脂程度五项专业皮肤测试。测试完成后自动生成电子测试报告,电子报告中五大服务项目因测试结果不同会显示红或绿两种颜色,其中皮肤项目测试结果显示绿色表明测试者当前此项皮肤状态良好;而皮肤项目测试结果显示红色则表明测试者当前此项皮肤问题较为严重、急需护理,此时,测试系统后台会依据被试者当前突出的皮肤问题进行智能化建议,当顾客点击红色的皮肤测试项目时,测试仪屏幕上会自动弹出推荐的一系列护肤彩妆产品,供顾客有针对性地选购。通过皮肤仪的智能测试,不仅可以让测试者全面了解个人肤质和皮肤状况,而且还能使测试者看到详细的、科学的皮肤问题分析报告,获得解决当前皮肤问题的智能推荐,极大地帮助顾客更有针对性地做好日常皮肤管理。

4)引进"智能 BA"机器人,强化购物互动性。智能时代的到来,智能机器人逐渐引入屈臣氏的线下门店。顾客进入门店后,只要被他那可爱的小眼睛"扫描"到,"智能 BA"机器人就会马上热情地招呼顾客,先是一番简单的自我介绍、调侃套近乎,然后根据顾客的诉求快速推荐所需产品,并详细介绍该产品的功能、特点、适用肤质和注意事项等。客户有任何问题,"智能 BA"机器人都能快速予以回应。"智能 BA"机器人萌萌的童音、热情的服务、智能的回应提高了人工 BA 的服务效率、服务质量,更增强了顾客购物过程的互动性和趣味性,吸引各个年龄段顾客光顾门店。

5)引进智能货架设备,增进购物智能化。智能化时代,RFID 智能货架因能提供语音、文字等互动信息,丰富顾客智能化购物体验而颇受美妆零售商青睐。屈臣氏体验区也展示 RFID 智能货架。走到 RFID 智能货架旁的顾客只要随手拿起货架上的任意一款商品,智能货架显示屏上就会自动弹出该商品详情、价格、热点评论、新鲜的潮流咨询等信息供浏览,如果顾客有意购买该产品,便可直接添加至购物车完成在线支付。贴心的服务、全面的信息、智能的回应、便捷的支付带给顾客丰富的数字化购物体验。

6.2.3 加快数字化转型,打造"O+O"生态系统

数字化时代,随着"95 后"等年轻消费群体成为消费主力军,消费市场发生了巨变。年轻群体消费呈现明显的圈层化、网红化、个性化、互动性和体验感等特征。消费需求和消费模式的变化倒逼传统实体零售模式的屈臣氏不得不进行迭代升级。早在 2016 年屈臣氏就开始尝试布局少量数字化平台。2018 年屈臣氏试图拓展更多线上平台。2019 年新冠疫情的全面爆发,使得线下实体零售店更是雪上加霜、举步维艰,但网络销售的持续增长却给屈臣氏吃了颗"定心丸",为屈臣氏持续发展带来了希望和指明未来发展的方向,也更加坚定了屈臣氏数字化转型的决心和信心。屈臣氏中国顾客增长及采购部总经理聂薇表示,为适应时代潮流,推动品牌年轻化,屈臣氏在 2020 年全面启动"O+O"消费模式,2023 年将实现线上线下的无缝衔接。具体体现在以下几个方面。

(1)全力升级门店服务,打造优质顾客体验。互联网时代和电子商务背景下,实体门店在建立品牌信任度与维系消费者长久关系中发挥着关键作用。2017 年前后,北京、上海、广州、武汉、重庆等一线和二线城市的屈臣氏率先启动门店升级改造工程,逐渐提升门店的数字化服务水平。目前,屈臣氏 4100 多家门店可辐射到全国 500 多个城市。2020 年搭建"O+O"消费生态系统以来,屈臣氏打通线上和线下通道,先后推出专属健康美丽顾问、闪电送、门店自提、扫码购、SPA 服务、皮肤测试、AR 试妆等八大"O+O"模式服务,真正达到线上线下一盘棋的目标。

屈臣氏门店的角色发生实质性转变,门店已从单一的交易场所角色升级为极致化顾客体验中心和商品配送前置仓。顾客通过网络平台下单,就近选择门店,半小时后即可到所选门店自提商品,快速完成选购。此外,屈臣氏联合饿了么、美团等知名外卖平台,开启美妆外卖新模式。顾客在门店获得皮肤测试、AR 试妆等各项服务体验,心仪商品如果店内暂时短缺时,则

可通过屈臣氏官方网站、微信小程序、饿了么等网络平台择优下单并选择闪电送服务,此时,附近门店发挥着"前置仓"和"配货点"的功能,顾客下单后30分钟内便可拿到心仪商品。

伴随着新零售的崛起,零售实体纷纷拓展线上渠道,实施全渠道营销战略,但顾客并未放弃线下实体门店消费。鉴于零售业的核心市场仍在实体线下,零售企业线上线下双向融合的过程中,应始终坚持以顾客为中心,以实体店为主导,确保不同渠道的顾客体验能够实现无缝对接。因此,新零售背景下,实体零售门店的功能不但没有弱化,反而发挥着不可替代的重要作用。在5月30日上海举办的"屈臣氏O+O生态峰会"上,屈臣氏中国行政总裁高宏达公开表示,2023年将新增300家门店,进一步强化门店品类、体验、配送等服务品质升级改造。依托密集分布的门店、优质的线下购物体验和成熟的"自有品牌聚合地"标签,屈臣氏通过搭建"O+O"消费生态系统,提升了实体门店的顾客体验,进而提高了实体门店的留存度和重购率,更进一步强化了顾客与自有品牌之间的情感联结和品牌信任,为顾客引流线上奠定了基础,助力自有品牌的孵化,不断赋能自有品牌。

(2)拓展线上平台,实现多渠道触达。在日化零售业竞争白热化和消费方式数字化的当下,实体门店作为链接企业与顾客的唯一触点,难以满足互动、休闲、社交和娱乐等多样化的用户体验需求。升级实体门店服务体验的同时,屈臣氏积极布局线上多元触点,打通企业与顾客之间多元化的通道。近几年,通过微信小程序、系列公众号、微博、抖音、哔哩哔哩、今日头条等网络媒体平台,屈臣氏逐渐全面打通线上渠道。一方面,屈臣氏可通过多渠道快速向顾客推送新品、爆款、促销、优惠等信息,实时响应顾客需求和反馈;另一方面,顾客通过线上线下多平台进行方便、快捷、自由地选购,真正实现随时随地,想购就购;同时积极参与感兴趣的话题讨论,进行相关在线评论和个人推荐,极大地丰富了顾客体验。

(3)线上线下引流,积累私域流量。在某种程度上,流量体量大小代表着市场规模和潜在销量。因此,引流是新零售背景下零售企业营销的关键,而打造私域流量则更是重中之重。屈臣氏运用流量思维,采用"微信公众号+企业微信+小程序矩阵+直播"打法,通过广泛布局小程序矩阵、企业微信

BA、微信社群、种草社等多个渠道进行品牌传播,快速积累客户,打造自有私域流量。

1)线下多方引流。屈臣氏各大门店是线下引流入口。导购通常会向顾客介绍店内当天的免费领好礼、新品折扣、促销等一系列优惠活动,以此吸引用户微信扫码添加 BA 好友,线上借助"企业微信+公众号+小程序+小游戏+微信社群+微信直播"等应用工具,将线上的公域流量和线下门店的散客流量导入到屈臣氏的私域流量池。同时,店内投放官方小程序码、微信二维码,通过新人关注即送新人好礼等活动,吸引顾客领取礼物并引导添加企业微信,留存于私域流量池。此外,屈臣氏还开展"试用免费领"活动,顾客通过邀请好友助力才能获得试用品的试用资格。依托庞大的会员规模,借助会员的人际网络通道,以滚雪球的方式,快速达到社交裂变效果,帮助屈臣氏引流,不断增加私域流量。

2)小程序线上引流。小程序作为屈臣氏线上引流的关键阵地,主要包括屈臣氏、屈臣氏云店、屈臣氏值得拼、屈臣氏会员中心、屈臣氏 E 卡、屈臣氏种草社等,不同小程序通过不同方式吸引散客的兴趣与关注。例如屈臣氏种草社,通过搜集并推送各门店最新促销优惠活动、年度好物榜单、大品牌免费试用等干货信息,同时开通种草话题社区功能,供顾客之间讨论交流热点话题,以吸引顾客关注、注册,达到引流的目的。屈臣氏官方小程序累计用户已达 5000 万。

3)企业微信线上引流。企业微信是私域流量的关键载体,从各个线下门店、公众号、小程序等多渠道吸引流量,搭建私域流量池。屈臣氏是最早借助企业微信平台服务客户的零售企业之一。目前屈臣氏有多个 IP 号,如屈小昔、屈小美、屈小溪和 40 000+企业微信 BA。屈臣氏企业微信流程路径为:通过小程序注册授权获取顾客定位—分配附近门店导购、推送官方微信号—添加企业微信 BA、拉顾客进入企业微信各种社群—成为企业私域流量。企业微信社群是屈臣氏打造私域流量的主阵地。屈臣氏企业微信 BA 是顾客长期的美丽顾问和消费小管家,更是连接产品与顾客体验的重要触点,通过企业微信社群链接屈臣氏 6500 万+会员顾客,大大提高互动频率和服务效率,带给客户更优质、更精细化的消费体验。公开数据显示,屈臣氏企业微信 BA 累计新增加用户数则超过 3200 万人次。

4)公众号线上引流。作为内容传输的核心平台,公众号在传播小程序矩阵的会员福利、优惠活动和直播活动中发挥着重要作用。屈臣氏公众号矩阵主要开设三个账号,分别是屈臣氏服务助手、屈臣氏官方种草君、屈臣氏福利社。其中屈臣氏服务助手属于多功能聚合的账号,具备会员入口、拼团活动、云商城、AI 导购等功能,通过推出"开会员享￥500 元权益""邀请好友入团"等系列活动,不断将新用户从公域流量池引入企业私有流量池。屈臣氏官方种草君主打种草、挖宝、心选三大功能,推出免费领、抢神券、云店、0 元试等优惠活动,吸引新用户关注。例如,新用户点击"福利"菜单下的"百万盲盒免费领"后,页面迅速跳转至企业微信二维码,附带"离领新人大礼只差最后一步"醒目且鼓励性的文字,以激励并引导新用户扫描企业微信。一旦扫码成功,屈臣氏公众号便轻松将公域流量引入企业私域流量池。此外,为吸引"95 后""00 后"年轻目标群体,屈臣氏开发出一款"屈撸猫吧"小程序,撸猫游戏过程中的部分任务有次数限制,达到次数要求的上限,用户需要邀请好友助力才能获得继续玩游戏的机会,如此便可实现快速社交裂变,达到引流的目的。

屈臣氏通过屈臣氏公众号、小程序与企业微信等渠道间相互引流,最终将会员导流至企业微信社群,将用户锁定于私域流量池。此外,通过大规模会员和会员的社交裂变,借助老客户快速拉新,不断裂变,增加流量,扩大了屈臣氏私域流量池存量。

(4)极致化体验,提高顾客转化率。精准定制内容,有效留存流量。随着数字化营销和移动互联网络的发展,抢占私域流量对零售企业来讲至关重要。互联网背景下,信息量庞杂,引流的顾客大概率是一次性消费,甚至只是匆匆"过客"或"访客",顾客长期留存或重复购买的可能性微乎其微。因此,提升顾客黏性成为引流后用户管理的重要环节。私有流量的留存与运营管理可以有效防止用户流失。屈臣氏企业微信 IP 归企业所有,若出现员工离职情况,该员工经营的企业微信号将由其他员工继承,离职员工的客户将随之被分配或转移给其他员工,兑现"BA 换、企业微信转;顾问换,服务不变"的承诺,很大程度上避免了因员工流动性带来的用户流失。同时,适应社会大环境要求和新生代年轻顾客的消费特征,屈臣氏定制了时尚、潮流、个性、二次元的活动内容和话术,有效增加顾客与平台之间、顾客与顾客之间的互动次数,增强线上渠道对用户的吸引力,培养了用户高黏性、高频度的使用习惯。例如,"屈撸猫吧"小程序,让顾客在游戏中随心所欲地撸猫,同时还可以完成小任务、积攒爱心等方式兑换礼品,比如满减券、免邮券、商品等,让年轻用户过足了"撸猫"瘾,赢取意外小礼物,有趣的游戏提高了顾客活跃度,有效避免客户流失。依托人工智能技术,2019 年 7 月,屈臣氏首位虚拟偶像代言人"屈晨曦 Wilson"闪亮出圈,他是一位年轻、温暖、有活力、懂时尚的智能美容顾问,可以全天 24 小时为顾客提供健康美丽咨询服务,便利的服务体验、有趣的双向互动、新潮的智能化体验获取大批年轻消费者的认可和喜爱。此外,结合小程序商城,屈臣氏社群运营采用签到、种草、促销等多种玩法,提升客户参与度、活跃度,不断增强顾客的黏性,逐渐扩大黏性私有流量的规模,为顾客成功转化做铺垫。

优化社群管理,加速用户转化。企业微信社群是实现用户转化的关键渠道。2019 年开始,屈臣氏启用腾讯珠玑进行服务号人群分组推送效果优化测试。屈臣氏企业微信与数字 DMP/CDP 系统连接,可以为 BA 提供顾客消费偏好的数据分析和消费者生命周期的预测,让 BA 更详细地了解顾客诉求,比顾客更懂顾客自己,有针对性地为消费者定制商品,下发优惠券等群发内容。屈臣氏企业微信社群管理有效提升了 BA 的服务效率,达到精准化推送、千人千面的服务效果,实现用户有效转化。2023 年 3 月 23 日新浪网公开数据显示,屈臣氏线上销售参与率从 2021 年的 27% 增长至 2022 年的 40%。

6.3 案例小结

面对品牌老化、目标市场年轻化和新零售的多重压力,屈臣氏快速适应市场大环境,积极拥抱互联网,推动数字化转型发展,搭建"O+O"生态体系新消费模式,全方位、多渠道触达消费者,迎合市场变化,提供集购物—休闲—娱乐—社交为一体的多元化服务体验,让顾客线上线下体验更加多样化,满足目标市场群体个性化需求,进一步增强顾客全渠道的黏度和活跃度,实现线下线上的双向深度融合。"O+O"生态体系新消费模式凸显了线下门店的体验功能,强调线下门店的良好顾客体验和线上全媒体渠道整合后提升品牌运营效率的商业逻辑。京报网(2023年3月23日)公布的数据显示,屈臣氏"O+O"生态体系模式下顾客的消费频次和消费金额是纯线下顾客的3.1倍,运营后会员重购率提升近1倍。这表明,屈臣氏基于优化实体门店顾客体验的数字化转型发展之路,有助于强化顾客线上购买意愿和购买行为。

经过近几年数字化转型发展和"O+O"生态体系的搭建,屈臣氏进一步升级了门店八大服务,给顾客创造便利性、极致化的消费体验,通过线下线上互相引流,逐渐形成"线下体验、线上下单"的消费模式,顾客线上转化率逐年增加。2023年3月23日新浪网指出,与2021年相比,屈臣氏线上销售参与率增加13%。案例分析结果表明,屈臣氏线下线上融合的发展结果基本符合前文对实体零售自有品牌线下顾客体验和线上顾客购买意愿之间关系的理论假设与研究结论。这在一定程度上也证明了本书研究假设的理论意义与现实意义。

7

研究结论及展望

7.1 研究结论

自有品牌进入中国市场已长达30多年。21世纪初国内一批实体零售,如华润万家、屈臣氏、永辉超市、盒马鲜生、苏宁电器、王府井等知名企业积极探索符合中国国情的本土自有品牌发展之路,并取得了较好的业绩。随着互联网络的普及和电子商务的飞速发展,加之突如其来的疫情影响,近几年实体零售市场遭受极大冲击,尚处于起步阶段的国内实体零售自有品牌发展更是困难重重。因此,从线下转向线上线下多渠道融合发展已经成为当前国内实体零售自有品牌发展的必由之路。

本书从用户体验视角,研究实体零售自有品牌线下体验影响自有品牌线上购买意愿的作用机理。基于顾客体验理论和顾客购买意愿理论模型,本书将实体零售自有品牌线下体验作为刺激顾客态度与行为的因素,参考顾客体验理论将实体零售自有品牌线下顾客购物体验分为产品体验、服务体验和智能化体验三个维度;引入品牌信任作为顾客体验后的稳定心理认知,并验证品牌信任在自变量和因变量之间的中介作用,顾客自有品牌线上购买意愿作为实体零售自有品牌顾客线下购物体验的影响结果;并同时引入自有品牌熟悉度和在线评论两个调节变量,分别验证自有品牌熟悉度在实体零售自有品牌线下体验与品牌信任之间、在线评论在品牌信任与顾客自有品牌线上购买意愿之间的调节作用。基于上述研究思路,在梳理国内外大量文献资料和相关成熟理论的基础上提出本书的理论模型及基本假设,同时结合本书的研究情景,借鉴国内外学者成熟量表,进行各种变量的定义、测量,完成问卷的设计、预调查、删减和完善,预调查数据分析问卷信度和效度符合标准,借助微信、QQ、问卷星和实地访问完成问卷正式发放回收工作。运用软件 SPSS 25.0 版本及其 Process V3.3 插件和软件 AMOS 24.0版本进行问卷调查数据的分析、处理,检验本书所提出的理论假设,主要结论如下。

自有品牌线下体验对品牌信任、线上购买意愿均产生正向影响作用;品牌信任对自有品牌顾客线上购买意愿具有正向影响作用,品牌信任在自有品牌线下体验和自有品牌线上购买意愿之间起着部分中介作用,即实体零售自有品牌线下的良好顾客体验一部分可以直接引发顾客对自有品牌产品的线上购买意愿,另一部分则可以通过正向影响顾客对自有品牌的品牌信任,在自有品牌认同和信任的基础上,进而正向影响顾客对自有品牌产品的线上购买意愿,品牌信任在自变量和因变量之间作用关系中发挥着桥梁或传导作用;自有品牌熟悉度在自有品牌线下体验对品牌信任的影响中发挥着正向调节作用,其中自有品牌熟悉度在智能化购物体验和品牌信任间的正向调节作用通过验证,而自有品牌熟悉度分别在自有产品体验和品牌信任之间、员工服务体验和品牌信任之间的正向调节作用均未通过验证;在线评论调节作用验证结果显示,评论者资信度在品牌信任和自有品牌产品线上购买意愿之间的调节作用未通过验证,而评论数量、评论质量、评论呈现形式分别在品牌信任和自有品牌线上购买意愿之间的调节作用均通过验证。

7.2　研究结论讨论

7.2.1　自有品牌线下体验与线上购买意愿的关系

顾客曾经的购物经历和购物体验会影响顾客的价值感和态度,进而为顾客下一次的购买意愿和购买决策提供参考和借鉴。前文实证验证结果显示,假设 H1、H1a、H1b、H1c 均通过验证。自变量自有品牌线下顾客体验及其三个维度潜变量线下智能化体验、线下员工服务体验、线下自有产品均对因变量自有品牌线上顾客购买意愿有显著的正向影响作用。该结论与杨尊尊(2019)实证得出顾客线下体验对顾客线上购买意愿起着正向影响作用的结论高度一致,也与王勇、李文静(2016)实证分析优衣库线下服务质量显著正向影响顾客线上购买意愿的结论相符。在此基础上,国内外学者 Kwon W. S. 和 Lennon S. J. (2009)、Jones C. 和 Kim S. (2010)的相关研究也进一步揭示了满意的实体店购物经历能够直接提升顾客跨渠道的线上购物意愿。基于当前国内自有品牌推广度有限的客观实际,实体零售店内自有品牌线下顾客体验,能够加深顾客对自有品牌的认知度和信任感,进而有利于增强顾客对自有品牌产品的线上购买意愿。

7.2.2　自有品牌线下体验与品牌信任的关系

顾客感性的购物体验认知会逐渐上升为理性的认可、信任与依赖。前文实证验证结果显示,假设 H2、H2a、H2b、H2c 均通过验证。自变量自有品牌线下顾客体验及其三个维度潜变量线下智能化体验、线下员工服务体验、线下自有产品均对中介变量品牌信任有显著的正向影响作用。该结论与 Ailawadi、Keller(2004)研究证明消费者感知到积极购物体验就会对该实体零售自有品牌产品产生积极的联想与评价,进而产生积极态度,并信赖该自有品牌的结论高度一致。同时,该结论也与 Donovan 等(1982)、Ridgway 等(1989)、Fitzell(1992)研究表明商店环境和服务水平会影响顾客对自有产品的评价和态度的结论相符。与此同时,Howard(1989)、刘威等(2010)、童利忠等(2014)、范丽先和李昕璐(2018)等国内外学者的相关研究成果也表明顾客对品牌的感知会直接或间接影响品牌信任,顾客对品牌的认知会最终转化为品牌信任。基于当前国内自有品牌认知度较低的客观情况,实体零售店内自有品牌产品质量、员工服务水平、店内环境以及店内设备智能化水平等购物体验,会全方位影响顾客对自有品牌和自有品牌产品的感知,降低或消除因陌生感而产生的顾客风险感知,进而增强顾客对自有品牌和自有品牌产品的信任感。

7.2.3　品牌信任的中介作用

通常情况下,顾客购买意愿或购买行为是建立在品牌信任的基础上。Howard 消费者购买决策模型理论指出信任是前因,购买意愿是结果。前文的实证结果显示,假设 H3 通过验证。顾客对自有品牌越信任则在线上购买自有品牌产品的意愿就会越强烈。这与 Sparks(2011)认为信任有助于消除顾客购买风险感知的顾虑,进而正向激励顾客购物意愿、孙永波和武博扬(2018)证实信任倾向直接影响着顾客自有品牌线上购买意愿的结论相符。

同时前文的实证结果也显示,假设 H4、H4a、H4b、H4c 均通过验证。品牌信任分别在自变量自有品牌线下顾客体验及其三个维度潜变量线下智能化体验、线下员工服务体验、线下自有产品与因变量自有品牌线上顾客购买意愿之间的中介效应显著。该结论与于本海(2015)认为某零售商线下实体店中良好的顾客购物体验会进一步增强该顾客对其网购渠道的信任度、杨尊尊(2019)实证线下顾客信任及其各维度在顾客线下体验和线上购买意愿之间中介效应显著的结论相符。桑代克迁移理论认为两种学习情境之间要发生迁移,两种情境之间一定要有相同的要素,且相同要素越多,则越容易发生迁移。因此,在自有产品质量、员工服务水平和购物便利性等相似的条件下,顾客基于在零售实体店内获得的良好购物体验而产生的自有品牌信任,当顾客转换至网购情境时,顾客对线下自有品牌的品牌信任随之会迁移到对线上自有品牌的品牌信任,进而激励顾客自有品牌产品线上购买意愿的产生。

7.2.4　自有品牌熟悉度的调节作用

熟悉度代表着知晓程度。自有品牌熟悉度反映了顾客对某自有品牌直接或间接经验的积累程度,具有独特的认知和情感优势。前文的实证结果显示,假设 H5、H5c 均通过验证,而假设 H5a、H5b 未通过验证。自有品牌熟悉度正向调节着零售自有品牌线下顾客智能化体验对品牌信任的影响关系,而自有品牌熟悉度分别在线下自有产品体验对品牌信任的影响、员工服务对品牌信任影响中的调节作用不显著。原因在于:①数字化营销时代,智能化购物场景一定程度上反映了实体零售店的综合实力和战略思维,更容易增强顾客的品牌印象和品牌信任,对冲顾客的风险感知。因此,当顾客对自有品牌熟悉度越高时,顾客在实体零售店内的智能化购物体验感越强,越容易引发顾客对所购买的自有产品有较低的心理风险评估,进而强化品牌信任。②智能时代,智能化购物设备能够较好地提供快捷、便利、有趣、丰富的购物体验,满足顾客智能化、数字化的购物诉求。因此,高自有品牌熟悉度的情况下,顾客购物过程中智能化体验越强则顾客对品牌认同和信任度也随之增强。

7.2.5　在线评论的调节作用

互联网消费情境下,第三方评价是顾客获取产品有关信息的重要途径,也是影响顾客网购意愿和网购决策的关键依据。前文的实证结果显示,假设 H6、H6b、H6c 均通过验证,而假设 H6a 未通过验证。调节变量在线评论及其三个维度潜变量评论数量、评论质量和评论呈现形式分别在中介变量品牌信任与因变量自有品牌线上顾客购买意愿之间的调节效应显著;而调节变量第一个维度评论者资信度在中介变量品牌信任与因变量自有品牌线上顾客购买意愿之间的调节效应不显著。此结论与 Senecal(2004)认为在线评论对消费者的品牌信任起着不可忽视的作用,显著影响消费者在线选购的结论相符。

通常情况下,评论数量多、评论质量高和评论呈现形式的多样化会为顾客提供更加全面、丰富的产品信息,容易引起顾客品牌认同和品牌信任,进而有助于顾客制定科学购买决策。在现实中,电商企业为了营造良好的品牌口碑或店铺形象,刻意引导顾客美化产品评价,"激励"顾客产生购买行为,常常会采用一些拙劣手法,比如"5星好评返现金×元""晒图+配文+好评送好礼""超过50字好评送代金券×元""全五星10字好评+追评晒图+关注店铺奖励×元",甚至雇佣水军操纵口碑、恶意篡改负面评价等。这些手法无疑大大降低了顾客在线评价的可信度和"含金量",引起顾客的反感和不信任。因此,评论数量、评论质量和评论呈现形式分别负向调节品牌信任对自有品牌线上顾客购买意愿的影响这一实证结论也有其合理性。

评论者资信度代表着评论信息的全面性、客观性和可靠性。电子商务背景下,随着直播带货的爆火,一些知名主播为了提高销量而误导顾客购买决策。根据晕轮效应,网购中个别知名评论者评价失真、失信,会引发消费者对全部评论者资信度的质疑。评论者资信度已成为一个网购选择中被顾客主观忽略的参考指标。实证结论评论者资信度在品牌信任对自有品牌线上顾客购买意愿的影响中不具有调节效应也是可接受的。

7.3　管理启示

随着云技术、物联网技术和人工智能等社会数字化水平不断提高,传统的实体零售业态逐渐被打破并重构。近几年,线上线下多渠道融合发展的新零售模式已引起管理界、营销学界广泛关注和深入思考。根据本书的研究结果,实体零售自有品牌顾客线下购物体验可以通过品牌信任积极影响顾客对该零售商网店中自有品牌产品的购买意愿,同时顾客对自有品牌的熟悉度和第三方顾客的在线评论对该影响关系发挥着一定的调节作用。对于实体零售自有品牌商而言,全方位增强顾客线下购物体验,提高自有品牌熟悉度,不断增进顾客自有品牌信任,能够强化顾客跨渠道购买意愿,有利于提升自有品牌影响力,为企业创造新的商业价值。

7.3.1 重视线下顾客体验的精细化管理

(1)成立独立自有品牌事业部,确保自有产品品质。自有产品质量是影响顾客体验的基础要素,也是核心要素之一。产品策略层面,首先,要严格控制自有产品质量,在生产、运输、销售各环节严把质量关,设置奖惩制度,确保流通到实体店内或指定销售渠道的每一款自有品牌产品质量过关,性价比高,超出顾客心理预期,提高产品功能体验;其次,凭借得天独厚的近距离优势,零售商能获取大量丰富、全面的顾客需求信息,把握顾客消费痛点,自有品牌研发中心致力于快速响应市场需求、加大新品研发力度,尝试开发经济型、优质型及溢价型自有产品,精准实施新产品开发,提高新品推送速度,拓展自有品牌产品组合的长度和宽度,不断丰富自有品牌产品品类,迎合市场多样化、动态化、小众化的需求,甚至填充市场空白,提升顾客产品体验。最后,优化自有产品包装策略。采用等级包装策略,根据不同品质的自有产品和不同子市场顾客需求,设计不同触感和观感的产品包装,以满足顾客多场合和审美需求,提高形式产品的综合体验。例如,设计透明塑料的简易包装、走亲访友的礼盒包装、高品质的精品包装等三个等级。同时,巧用"热词""潮词"构思包装上的文案给顾客带来"新"或"潮"或"亲"的产品体验。

(2)提升员工服务水平,增加顾客线下服务体验。实体店内一线员工与顾客近距离、面对面地沟通和互动,一线员工的服务态度和服务技能直接影响顾客的购物体验和满意度,因此,对于经营自有品牌零售而言,务必重视对负责自有品牌产品区域的一线员工的精挑细选和定期培训,优先推举服务态度好、热情且有耐心的一线员工负责自有产品货架,同时通过定期自有产品知识和销售技能等专门培训,不断提升一线员工的自有产品认知和推介能力。例如,为顾客提供合理的选购建议、为顾客熟练介绍某款自有品牌产品卖点、在店内营销活动中能够与顾客进行有效互动等一系列优质的服务体验,能够大大提升顾客愉悦感和满意度。

与此同时,自有品牌零售商应高度重视并提升"对外"窗口工作人员服务态度、服务意识、服务能力。与生产商品牌产品相比,自有品牌产品的顾客感知风险相对较高。因此"对外"服务人员务必高质量完成售后服务环节工作,例如严格执行退货换货等制度、快速响应购物投诉、百分百兑现店铺对顾客的承诺、提供免费送货到家服务、规范服务台员工业务动作等方面,解除顾客选购自有品牌的后顾之忧,增加顾客的服务价值感知,进一步提升顾客服务体验。

(3)加快实体店数字化管理进程,增强顾客智能化购物体验。数字经济时代,人们的生活方式和消费方式趋于数字化,顾客购物过程中的自动化和智能化消费诉求不断提高。实体零售店数字化管理水平展示着零售商的整体实力,进而影响着顾客的感知。对于自有品牌零售商而言:一方面可以通过视频识别技术、物联网技术和传感器技术等向顾客提供更多维度的、智能化的消费体验;另一方面通过自助式结账、AR 体验、二维码产品溯源、二维码使用方法讲解、二维码保养方法介绍、智能物流新技术等数字化手段,为顾客提供便捷、时尚、科技感十足的消费感知,并提高顾客选购自有产品经历中的智能化购物体验。

7.3.2　注重自有品牌信任的培育

购物体验对顾客消费意愿和消费行为的影响是一个顾客认知、情感和态度渐进式的变化过程。本书通过实证分析发现品牌信任在实体零售自有品牌线下顾客体验对自有品牌产品线上顾客购买意愿的影响中发挥中介作用。因此,开发自有品牌产品的实体零售企业应该高度重视对顾客自有品牌信任的培育。相对于生产商品牌而言,致力于单一分销渠道功能的零售商转向集生产与分销于一体的双重功能,其生产能力、产品质量等可靠性易受到顾客质疑。基于此,实施自有品牌战略、经营自有产品的实体零售企业应精心培育顾客对自有品牌的信任度和依赖度,具体做法如下:

(1)重视线下购物体验对顾客自有品牌信任的提升作用。实体零售自有品牌企业应努力丰富自有产品品类,扩大自有产品组合,严把自有产品质量关,不断提升员工服务意识和服务能力,增加场内智能化管理投入,不断强化顾客购物全程的智能化体验,通过良好的购物体验提高顾客自有品牌产品的满意度和认可度,降低或消除顾客进店选购自有品牌产品的种种顾虑,拉近与顾客间的心理距离,增强顾客对该零售企业线上线下自有品牌的信任。

(2)重视零售店铺形象的塑造和提升对顾客自有品牌信任的积极作用。实体零售自有品牌商应通过改善和优化实体店铺形象,努力为消费者营造一种品质优越、形象统一、选购范围广、货架布局合理、产品陈列清晰、顾客参与感强的购物环境,有效提升顾客对自有品牌的认同感和信任感,并激发出顾客强烈的跨渠道购买热情。

(3)高度重视自有品牌熟悉度对品牌信任的调节作用。通常,品牌熟悉度越高,越容易产生强的品牌信任。本书通过实证分析发现,当自有品牌熟悉度处于较高水平时,顾客线下实体店内智能化购物体验越强,则会产生更强的顾客自有品牌信任。基于国内自有品牌起步晚,发展时间短的客观实际,开发自有品牌的零售商可尝试通过两种途径提升自有品牌熟悉度:一是对外通过赞助、义捐等公关活动争取媒体的主动报道,提高自有品牌在公众视野的活跃度,提升自有品牌的知名度和美誉度,塑造自有品牌良好的公众口碑和社会形象;二是对内通过在店铺入口处优先陈列自有产品、设置自有品牌产品体验专区、促销通道精心设计自有产品堆头、免费试吃试用、凭购物小票换购或购物兑奖自有产品等方式,吸引顾客关注自有品牌,使顾客不断积累与该自有产品和自有品牌相关的直接或间接经验,促使顾客加深对该自有品牌和自有产品的认知、理解。

7.3.3 加强顾客在线评论管理

虚拟在线购物场景中,独立的第三方评价影响着顾客购买意愿和购买行为。本书实证分析发现评论数量、评论质量和评论呈现形式分别负向调节品牌信任对自有品牌线上顾客购买意愿的影响,即第三方的评论数量、评论质量和评论呈现形式均会削弱品牌信任对自有品牌线上顾客购买意愿的影响作用。因此,实体零售自有品牌商在布局线上店铺时,应加强对在线评论的管理,例如谨慎选择资信度高的公众人物推介产品;理性看待差评、变"危机"为提升顾客满意和赢得顾客好评的"契机";激励在线服务团队,改善售后服务质量;杜绝恶意篡改第三方顾客使用评价的现象;避免误导第三方顾客虚假评价,确保顾客在线评论图、文、视频和追评真实、客观、可信度高。

7.3.4　融入新零售管理思维

新零售是数字经济时代未来零售业发展的方向和趋势。本书通过实证分析证实了顾客在实体零售店内购买自有品牌产品的良好购物体验会进一步强化顾客对该零售店铺自有品牌产品的线上购买意愿。因此,实体零售自有品牌的可持续发展管理中应融入新零售思维。首先,重构商业生态,顾客在实体零售店内选购自有品牌产品过程中应嵌入购物、娱乐、互动等多种功能,不断迎合顾客购物便利性、舒适性、愉悦性和互动性等多样化的需求,强化顾客即时体验,增加自有品牌产品顾客黏性;其次,构建"O+O"新型消费模式。布局线上购物平台,打破实体与线上互通的壁垒和边界,依托线下实体与线上平台高效整合企业有形资源和无形资源,促进线下实体店的便利、可靠和即时体验等优点与线上平台的高效、智能等优势高度融合,全面升级顾客体验,实现全渠道营销,最大限度释放"线下与线上"的优势,产生"1+1>2"的营销效应。

7.4　研究不足与未来展望

7.4.1　研究不足

本书借鉴查阅了国内外学者大量有关自有品牌、顾客体验、顾客购买意愿的研究成果,但从线上线下融合角度研究自有品牌产品线下顾客体验与线上顾客购买意愿之间关系的研究成果较为有限,且质量不高。当前,互联网技术发展和电子商务崛起背景下,实体零售自有品牌的线上线下融合发展对于零售商实施自有品牌战略实践活动的意义和重要性更加显著。基于此,本书将实体零售店自有品牌线下顾客体验作为前因变量,品牌信任作为中介变量,自有品牌产品线上顾客购买意愿作为结果变量,构建了理论模型,以期进一步理解并探讨实体零售自有品牌产品顾客线下体验对自有品牌产品线上顾客购买意愿的影响机理。由于时间、精力等主客观条件限制,本书中许多研究设想并未能实现,研究还不够成熟,尚存在诸多问题有待完善和补充。本书的不足之处主要体现在以下几个方面。

(1)样本数据的限制。本书的研究分析基于获取的 270 份有效问卷,样本量基本达到了测量的要求,但样本总体规模不够大,样本对调查总体的代表性有限;同时,本书的研究主要通过 QQ、微信朋友圈、微信群等个人社交平台和问卷星专业调研平台及线下实体零售自有品牌店拦截式访问的方式收集样本数据,虽然可有针对性地选择访问人群,但是由于人们对自有品牌认知度普遍偏低,很多人不了解自有品牌,也不能很好地区分自有品牌与制造商品牌,所以样本数据来源的限制在某种程度上影响着实证分析结果。

(2)有关自有品牌线下顾客体验和线上购买意愿研究的行业针对性不足。本书线下数据收集主要集中在永辉超市、屈臣氏、张仲景大药房、苏宁电器、盒马鲜生等不同行业的自有品牌实体零售店内,收集调研数据涉及日用、美妆、医药、电器、生鲜等多个零售行业,并未针对某一具体行业零售自有品牌进行研究。不同行业的实体零售,顾客对店铺的环境、产品、服务、智能化体验等体验维度的重视程度可能存在差异。因此,本书的实证结果对国内零售商实施自有品牌战略有普遍的参考价值,但对于致力于某一行业自有品牌高质量发展的零售店来说,研究结论则缺乏有效的针对性。

(3)线下顾客体验变量衡量维度不够全面和控制变量尚未涉及。本书对实体零售自有品牌线下顾客体验变量测量从自有产品体验、员工服务体验和智能化体验三个维度展开。通常情况下,现实中顾客实体购物体验可从感官、情感、行动、关联等多方面进行综合反馈,仅从上述三个维度进行顾客体验的分析显然缺乏全面性。与此同时,顾客线下自有品牌产品的购物体验对线上自有产品购买意愿的影响机制还会受到性别、年龄、收入、产别类别等变量的影响,但本书实证分析中尚未将此类影响因素纳入实证范畴。

7.4.2　未来展望

未来有关实体零售自有品牌的线下顾客购物体验对线上自有产品顾客

购买意愿影响机制的研究可以从以下几个方面进行补充和完善。

（1）扩大样本量，采用科学的调查方法。通过选择分层随机抽样或分群随机抽样的调查方法，更客观、全面地收集样本数据，进一步扩大样本规模和提升样本的代表性。

（2）聚焦某一行业进行深度研究。选择日用、生鲜、服装、电器等某一个零售行业进行深入调查研究，结合行业特征，针对不同行业的零售商在自有品牌开发和推广上采取的不同战略进行有针对性研究。

（3）尝试比较性研究。本书的访问对象主要针对曾经购买过或使用过自有品牌产品的顾客，建议未来的研究可以延伸至从未购买过或使用过自有品牌产品的顾客，并对这两组顾客之间的差异进行比较分析，为自有品牌零售商挖掘潜在用户或精准研发自有品牌新产品提供依据和参考。

（4）拓展线下顾客购物体验维度。随着实践发展，实体零售自有品牌顾客线下购物体验变量测量可以考虑加入店铺环境维度、场内情景维度、互动维度等三个维度，丰富自有产品线下顾客体验研究视角。

（5）引入控制变量分析。实体零售自有品牌的线下顾客购物体验对线上自有产品顾客购买意愿影响机制的后续研究，尝试引入个人收入、性别、年龄、职业、受教育程度等更多控制变量，更全面掌握实体零售自有品牌线上线下融合的影响因素。

（6）丰富中介变量和调节变量的研究。实体零售自有品牌的线下顾客购物体验对线上自有产品顾客购买意愿影响机制的后续研究，可尝试分析自有产品类别、自有产品涉入度对该影响机制的调节作用，也可以尝试分析价值感知在该影响机制的中介作用。

附录

附录一 调查问卷

实体零售自有品牌顾客体验调查问卷

尊敬的女士/先生：

您好！本问卷旨在了解实体零售自有品牌线下顾客体验对线上购买意愿的影响，以促进零售自有品牌线上线下融合发展。本问卷所获取数据和信息仅用于高校项目研究，不做商用。您的回答对我们收集有效数据、顺利完成本次研究工作起着关键作用。本次问卷调查采用匿名形式，不涉及个人隐私，请您放心填写。您的答案无对错之分，请您根据自己实际情况据实填写。本次访问预计需要约10分钟。感谢您的帮助和支持！

关键概念（请您务必认真阅读）：

零售自有品牌指零售企业店铺陈列的、贴有本零售商商标或新创品牌商标的商品，且仅摆放在零售商自己店铺或零售商控制的渠道进行销售的品牌。例如，华润万家的"简约组合"；国美电器的"国美冰箱"；屈臣氏店铺里的"Watsons""屈臣氏燕窝系列""Olive橄榄""屈臣氏饮用水"等品牌；永辉超市里的"永辉农场""田趣""优颂""馋大狮""欧馥芮"等品牌。

一、过滤部分。请您仔细回忆下半年的购物经历并回答以下问题

1.您是否购买过自有品牌产品？[单选题] *

○是(请继续作答)

○否(请停止作答)（请跳转至问卷末尾,提交答卷)

2.您是否在实体零售店内购买过自有品牌产品？[单选题] *

○是(请继续作答)

○否(请停止作答)（请跳转至问卷末尾,提交答卷)

3.您曾在以下哪家实体店购买过自有品牌产品？[多选题] *

□盒马鲜生

□永辉超市

□张仲景大药房

□沃尔玛超市

□国美电器

□屈臣氏

□大润发

□新玛特超市

□苏宁电器

□优衣库

□地方本土零售店

□其他

二、背景资料(请选择最符合您情况的选项)

4.您的年龄:[单选题] *

○20 岁以下

○20~30 岁

○31~40 岁

○41~50 岁

○50 岁以上

5.您的性别:[单选题] *

○女

○男

6. 您的受教育程度：[单选题] *

○小学及以下

○初中

○高中

○大专

○本科

○硕士及以上

7. 您的职业：[单选题] *

○政府机关工作人员

○事业单位员工

○企业职工

○个体户

○学生

○农民

○自由职业者

○其他

8. 您的月收入：[单选题] *

○2000 元以下

○2000～4000 元

○4000～6000 元

○6000～8000 元

○8000～10 000 元

○10 000～13 000 元

○13 000～16 000 元

○16 000 元以上

三、调查题项

请回忆最近一次在实体零售店内购买自有品牌产品的经历，并依据自己的真实感受和体会进行选择。（说明：题项由左向右为非常不同意到非常同意,其中 1 = 非常不同意,2 = 不同意,3 = 比较不同意,4 = 一般,5 = 比较同意,6 = 同意,7 = 非常同意,数字越大,表示您同意的程度越高。)

9. 本部分是有关 CE 变量的题项。[矩阵量表题] *

表 1　CE 变量的题项

	完全不同意	不同意	比较不同意	一般	比较同意	同意	完全同意
CE1. 这家实体零售店自有商品质量很好	○	○	○	○	○	○	○
CE2. 这家实体零售店自有商品的品质和我预期的一样	○	○	○	○	○	○	○
CE3. 这家实体零售店自有商品的价格很实惠	○	○	○	○	○	○	○
CE4. 这家实体零售店自有产品种类丰富、式样多,可以为我提供多种选择	○	○	○	○	○	○	○
CE5. 这家实体零售店自有品牌区的导购员对顾客和蔼可亲,有礼貌	○	○	○	○	○	○	○
CE6. 这家实体零售店自有品牌区的导购员会关注我的个人需求	○	○	○	○	○	○	○
CE7. 这家实体零售店自有品牌区的导购员不会因为工作繁忙而忽视我的请求	○	○	○	○	○	○	○

续表 1

	完全不同意	不同意	比较不同意	一般	比较同意	同意	完全同意
CE8.这家实体零售店员工愿意且能够随时给我提供帮助	○	○	○	○	○	○	○
CE9.我喜欢这家实体零售店的装修	○	○	○	○	○	○	○
CE10.这家实体零售店内很干净,环境很好	○	○	○	○	○	○	○
CE11.这家实体零售店自有品牌商品陈列位置显眼,总能引起我的注意	○	○	○	○	○	○	○
CE12.这家实体零售店内自有品牌区布局很合理	○	○	○	○	○	○	○
CE13.这家实体零售店的自有产品都有数字化标签,扫一扫即可了解产品信息	○	○	○	○	○	○	○
CE14.在这家实体零售店购物后,可进行自助扫码支付,很方便	○	○	○	○	○	○	○
CE15.这家实体零售店设有其他智能化设备,可让我更好体验到购物乐趣,提高购物效率	○	○	○	○	○	○	○

10. 本部分是有关 BT 变量的题项。[矩阵量表题] *

表 2　BT 变量的题项

	完全不同意	不同意	比较不同意	一般	比较同意	同意	完全同意
BT1. 在这家实体零售店购物时,我觉得这家店的自有品牌是可靠的	○	○	○	○	○	○	○
BT2. 在这家实体零售店购物时,我觉得这家实体店对其自有产品和服务的声明与承诺是可信的	○	○	○	○	○	○	○
BT3. 在这家实体零售店购物时,该自有品牌零售店不仅关注自己利益,也重视顾客利益	○	○	○	○	○	○	○

11. 本部分是有关 PI 变量的题项。[矩阵量表题] *

表 3　PI 变量的题项

	完全不同意	不同意	比较不同意	一般	比较同意	同意	完全同意
PI1. 如果有需求,我会网上购买该零售商自有品牌商品	○	○	○	○	○	○	○
PI2. 我很愿意去网上购买该零售商自有品牌商品	○	○	○	○	○	○	○

续表3

	完全不同意	不同意	比较不同意	一般	比较同意	同意	完全同意
PI3. 我很乐意把该零售商网上店铺推荐给我的亲朋好友	○	○	○	○	○	○	○

12. 本部分是有关 OR 变量的题项。请回顾最近一次网购自有品牌的经历并据实选择。[矩阵量表题]*

表4　OR 变量的题项

	完全不同意	不同意	比较不同意	一般	比较同意	同意	完全同意
OR1. 在线评论者非常熟悉该自有品牌产品的相关知识	○	○	○	○	○	○	○
OR2. 在线评论者信用等级高	○	○	○	○	○	○	○
OR3. 在线评论者个人信息披露程度大	○	○	○	○	○	○	○
OR4. 该自有品牌产品获得较多关注	○	○	○	○	○	○	○
OR5. 该自有品牌产品的评论者很多	○	○	○	○	○	○	○
OR6. 该自有品牌产品累计评论数量较多	○	○	○	○	○	○	○
OR7. 该自有品牌产品获赞评论数量较多	○	○	○	○	○	○	○
OR8. 评论内容与自有品牌产品是密切相关的	○	○	○	○	○	○	○

续表4

	完全不同意	不同意	比较不同意	一般	比较同意	同意	完全同意
OR9. 评论是容易理解的	○	○	○	○	○	○	○
OR10. 评论是真实可靠的	○	○	○	○	○	○	○
OR11. 评论提供了大量有用的自有品牌产品信息	○	○	○	○	○	○	○
OR12. 在线评论是文字、图片、视频、追评等形式中的两种	○	○	○	○	○	○	○
OR13. 在线评论是文字、图片、视频、追评等形式中的三种	○	○	○	○	○	○	○
OR14. 在线评论是文字、图片、视频、追评等形式中的四种	○	○	○	○	○	○	○

13. 本部分是有关 PBF 变量的题项。[矩阵量表题] *

表5　PBF 变量的题项

	完全不同意	不同意	比较不同意	一般	比较同意	同意	完全同意
PBF1. 我能经常看见该自有品牌的产品或形象的广告	○	○	○	○	○	○	○

续表 5

	完全不同意	不同意	比较不同意	一般	比较同意	同意	完全同意
PBF2. 我能经常看到陈列或售卖该自有品牌的产品	○	○	○	○	○	○	○
PBF3. 我常能听到亲朋好友们谈论或推荐该自有品牌产品	○	○	○	○	○	○	○

附录二　案例企业屈臣氏自有品牌访谈提纲

尊敬的女士/先生：

　　您好！我是信阳学院商学院的教师/在读本科生。此次访谈旨在了解屈臣氏自有品牌产品实体店和线上网店运营情况，探索跨渠道营销的影响因素，以促进屈臣氏零售自有品牌线上线下融合发展。本次访谈所获取数据和信息仅用于高校项目研究，不做商用。您的回答对我们收集有效数据、顺利完成本次研究工作起着关键作用。本次访谈采用匿名形式，不涉及个人隐私，请您放心回答。您的答案无对错之分，请根据实际情况客观回答。本次访谈预计 20 分钟左右。感谢您在百忙之中接受访谈！再次感谢您的热心参与。

　　1. 您认为屈臣氏实体店内顾客购买屈臣氏自有品牌产品的频率及数量是否有下降？为什么？

　　2. 屈臣氏实体店内重视打造自有品牌顾客体验吗？请举例说明。

　　3. 您认为顾客在屈臣氏店内选购屈臣氏自有品牌的购物体验如何？

　　4. 您认为屈臣氏自有品牌产品对顾客有吸引力吗？为什么？

　　5. 屈臣氏是否重视对员工开展有关自有品牌产品的培训？如果有，培训的方式是什么？培训频率是多少？

　　6. 您认为屈臣氏实体店重视数字化管理方面的投入吗？请举例说明。

　　7. 您认为顾客更愿意从什么渠道购买屈臣氏的产品，为什么？

　　8. 您认为屈臣氏自有品牌顾客从线下实体店被引流到线上的概率高吗？请结合您工作经历进行解释。

　　9. 关于屈臣氏自有品牌，您认为哪些因素会促使顾客从屈臣氏实体店铺转移到网上选购？为什么？

　　10. 您认为屈臣氏自有品牌的网络购物平台还有哪些不足？您觉得屈臣氏网店未来应该在哪些方面进一步改进？

参考文献

[1]FISHBEIN M, AIZEN I. Belief, Attitude, Intention and Behavior: An Introduction to Theory and Research [M]. Addison – Wesley Publishing Company, 1975.

[2]DODDS W. B. , MONROE K. B. , GREWAL D. Effects of Price, Brand and Store Information on Buyers' Product Evaluations [J]. Journal of Marketing Research, 1991, 28(3):307–319.

[3]GREWAL D. , KRISHNAN R. , BAKER J. , et al. The Effect of Store Name Brand Name and Price Discounts on Consumers' Evaluations and Purchase Intentions [J]. Journal of Retailing, 1998, 74(3):331–352.

[4]LI J. How Face Influences Consumption [J]. International Journal of Market Research, 2007(2):237–248.

[5]SHARMA P, SIVAKUMARAN B, MARSHALL R. Impulse buying and variety seeking:A trait – correlates perspective [J]. Journal of Business Research, 2010, 63(3):276–283.

[6]MORGAN R, HUNT. S. The Commitment – Trust Theory of Relationship Marketing [J]. Journal of Marketing, 1994, 58(3):20–38.

[7]CHU S, CHEN H. Impact of consumers' corporate social responsibility – related activities in social media on brand attitude, electronic word - of - mouth intention, and purchase intention: A study of Chinese co – nsumer behavior [J]. Journal of Consumer Behaviour. 2019, 18(6):453–462.

[8]CHAE H, KIM S, LEE J, et al. Impact of product characteristics of limited edition shoes on per – ceived value, brand trust, and purchase intention; focused on the scarcity message frequency [J]. Journal of Business Research. 2020, 120:398–406.

[9]DELGADO BALLESTER,EIENA. Applicability of a brand trust scale across product categories:A multigroup invariance analysis[J]. European Journal of Marketing,2004,38(5/6):573-592.

[10]N. S. TERBLANCHE, C. BOSHOFF. The instore shopping experience: A comparative study of supermarket and clothing store customers[J]. South African Journal of Business Management,2004,35(4).

[11]INDRAJIT SINHA, RAJEEV BATRA. The effect of consumer price consciousness on private label purchase [J]. International Journal of Research in Marketing,1999.

[12]AGARWAL PK,GUPTA VP. Determinants of Purchase Intention of Private Brands in India:A Study Conducted on Hypermarkets of Delhi. Journal of Research in Management[J]. 2017,9(2):42-52.

[13]IPEK I, YILMAZ C. Antecedents of Private – Label Brand Purchase Intention:An Experimental Analysis[J]. Journal of International Consumer Marketing. 2021:1-15.

[14]GRACIOLA AP, DE TONI D, MILAN GS, et al. Mediated – moderated effects:High and low store image, brand awareness, perceived value from mini and supermarkets retail stores[J]. Journal of Retailing & Consumer Services. 2020:1-16.

[15]GÓMEZ-SUÁREZ M,QUINONES M,YAGÚE MJ. Store brand evaluative process in an international context[J]. International Journal of Retail & Distribution Management. 2016,44(7):754-771.

[16]PARASKEVI SARANTIDIS. Factors affecting store brand purchase in the Greek grocery market[D]. University of Stirling,2012.

[17]HOWARD,SHETH. A Theory of Buyer Behavior [M]. Proceedings of AMA Conference,1989.

[18]AILAWADI, K. L., KELLER, K. L.. Understanding Retail Branding: Conceptual Insight and Research Properties[J]. Journal of Retailing. 2004, 80(4):331-342.

[19]SEMEIJN J,RIEL ACRV,AMBROSINI A B. Consumer evaluations of store brands:effects of store image and product attributes[J]. Journal of Retailing and Consumer Services,2004,11(4):247-258.

[20] VERHAGEN T. , DOLEN W. V.. Online Purchase Intentions: A Multi-channel Store Image Perspective [J]. Information & Management, 2009, 46(2):77-82.

[21]JONES C. , KIM S.. Influences of Retail Brand Trust,Offline Patrongage, Clothing Involvement and Website Quality on Online Apparel Shopping Intention [J]. Internation Journal of Consumer Studies, 2010, 34 (6): 627-637.

[22]KIM J. , PARK J.. A Consumer Shopping Channel Extension Model: Attitude Shift toward the Online Store[J]. Journal of Fashion Marketing & Management,2005,9(1):106-121.

[23] HAHN K. H. , KIM J.. The Effect of Offline Brand Trust and Perceived Internet Confidence on Online Shopping Intention in the Integrated Multi-channel Context [J]. International Journal of Retail & Distribution Management,2009,37(2):126-141.

[24] BOCK G. W. ,LEE J. ,KUAN,H. H. ,et al. The Progression of Online Trust in the Multi-channel Retailer Context and the Role of Product Uncertainty [J]. Decision Support System,2012,53(1):97-107.

[25] KWON W. S. , LENNON S. J.. Reciprocal Effects between Multichannel Retailers' Offline and Online Brand Images[J]. Journal of Retailing,2009, 85(3):376-390.

[26] BENEDICKTUS R. L. , BRADY M. K. , DARKE, P. R. , et al. Conveying Trustworthiness to Online Consumers: Reac-tions to Consensus, Physical Store Presence,Brand Familiarity,and Generalized Suspicion[J]. Journal of Retailing,2010,86(4):322-335.

[27]MITA SUJAN. Consumer Knowledge: Effects on Evaluation Strategies Mediating Consumer Judgments [J]. Journal of Consumer Research,1985,

12(1):31-46.

[28] LUTZ R, KAKKAR P. The Psychological Situations as a Determinant of Consumer Behavior [J]. Advances in Consumer Research, 1974, 2 (1) : 439-454.

[29] XU QIAN. Should I Trust Him? The Effects of Reviewer Profile Characteristics on eWOM Credibility [J]. Computers in Human Behavior, 2014:136-144.

[30] CAMPBELL M C, LANE K K. Brand familiarity and advertising repetition effects [J]. Journal of Consumer Research, 2003, 30(2), 292-304.

[31] KELLER KL. Cue Compatibility and Framing in Advertising [J]. Journal of Marketing Research, 1991, 28(1) :42-57.

[32] LAROCHE M., KIM C., ZHOU L.. Brand Familiarity and Confidence as Determinants of Purchase Intention: An Empirical Test in a Multiple Brand Context [J]. Journal of Business Research, 1996, 37 (2):115-120.

[33] SIMONIN B L, RUTH J A. Is a Company Known by the Company It Keeps? Assessing the Spillover Effects of Brand Alliances on Consumer Brand Attitudes[J]. Journal of Marketing Research, 1998, 35(1):30-42.

[34] ALBA J. W., HUTCHINSON J. W. Dimensions of Consumer Expertise[J]. Journal of Consumer Research, 1987, 13(4):411-454.

[35] ZAJONC R B, MARKUS H. Affective and Cognitive Factors in Preferences [J]. Journal of Consumer Research, 1982, 9(2):123-131

[36] DAVID A. Aaker, Kevin Lane Keller. Consumer Evaluations of Brand Extensions[J]. Journal of Marketing, 1990, 54 (1), 27-41.

[37] HARDESTY D M, CARLSON J P, BEARDEN W O. Brand Familiarity and Invoice Price Effects on Consumer Evaluations: The Moderating Role of Skepticism toward Advertising [J]. Journal of Advertising, 2002, 31 (2): 1-15.

[38] FAZIO R H, POWELL M C, WILLIAMS C J. The role of attitude accessibility in the attitude-to-behavior process[J]. Journal of Consumer

Research,1989,16(3):280-288.

[39]CHATTERJEE,PATRALI. Online Reviews:Do Consumers Use them? [J].
Advances in Consumer Research,2001,28(1):129 - 133.

[40]李华敏,崔瑜琴.基于情境理论的消费者行为影响因素研究[J].商业研究,2010(3):163-166.

[41]王梓键.顾客购物体验视角下的旅游商品冲动购买行为研究[D].南京:南京财经大学,2020.

[42]刘蓉.顾客体验、关系质量和顾客忠诚关系实证研究[D].合肥:安徽大学,2017.

[43]何雪萍.移动互联网背景下全渠道零售企业服务质量测评研究[D].天津:天津大学,2017.

[44]贺天龙.零售店顾客购物体验对购买意愿的影响研究[D].广州:暨南大学,2011.

[45]孙瑾,郑雨,陈静.感知在线评论可信度对消费者信任的影响研究:不确定性规避的调节作用[J].管理评论,2020,32(4):146-159.

[46]曹裕,李青松,万光羽.在线评论对消费者休闲食品购买决策影响研究[J].管理评论,2020,32(3):157-166.

[47]钟喆鸣,许正良.在线评价中的信息隐私披露对消费者在线评价可靠性感知的影响研究[J].情报科学,2019,37(9):159-163.

[48]李倩.互惠规范、契合营销战略对顾客契合意愿的跨层次作用研究[D].北京:北京理工大学,2018.

[49]葛继红,汪诗萍,周曙东.基于SEM的网购消费者在线评论发布动因研究[J].现代经济探讨,2017(6):64-70.

[50]朱琛.在线评价发布网站对消费者购买意愿影响的实证研究[J].科学决策,2016(4):78-94.

[51]赵宏霞,王新海,周宝刚.B2C网络购物中在线互动及临场感与消费者信任研究[J].管理评论,2015,27(2):43-54.

[52]熊素红,景奉杰,邱晗光.提醒式信息对消费者网购意愿的影响:扩展引力模型的面板数据实证检验[J].经济纬,2014,31(5):103-108.

[53]黄卫来,潘晓波.在线商品评价信息有用性模型研究:纳入应用背景因素的信息采纳扩展模型[J].图书情报工作,2014,58(S1):141-151.

[54]李倩.互惠规范、契合营销战略对顾客契合意愿的跨层次作用研究[D].北京:北京理工大学,2018.

[55]王建华.在线生鲜消费情境下调节匹配对消费者购买意愿的影响[J].社会科学战线,2021(3):113-123.

[56]孟陆,焦腾啸,刘凤军.网络语言广告与调节定向对消费者购买意愿的影响[J].中国流通经济,2019,33(6):98-108.

[57]朱翊敏.在线品牌社群成员参与程度对其社群认同的影响:产品类型和品牌熟悉度的调节[J].商业经济与管理,2019(2):51-61.

[58]范丽先,李昕璐.品牌情感依恋与品牌信任:基于品牌熟悉度的调节作用[J].工业工程与管理,2018,23(4):186-193.

[59]吴锦峰,常亚平,侯德林.传统零售商的线上品牌延伸:追求"线上—线下"还是"线上—原型"一致性[J].南开管理评论,2017,20(2):144-154.

[60]卢艳峰,范晓屏,孙佳琦.网购多线索环境对消费者信息处理过程的影响[J].管理学报,2016,13(10):1546-1556.

[61]卢强,付华.品牌社会权力对购买意愿的影响:基于"评价—情感—应对"理论的实证[J].中国流通经济,2016,30(7):88-97.

[62]钱敏,魏世繁,芮振.零售商自有品牌购买意愿影响因素研究[J].企业经济,2016(4):58-65.

[63]宁昌会,曹云仙子.成分品牌联合的溢出效应研究:品牌熟悉度和介入度的调节作用[J].中南财经政法大学学报,2016(2):122-129.

[64]朱琳琳,池睿,潘明清.品牌传播对消费者购买意愿的影响:一个有调节的中介研究[J].消费经济,2015,31(6):51-56.

[65]刘尊礼,余明阳,郝鸿.品牌熟悉度与炫耀性倾向对消费者购买意向的影响研究[J].软科学,2014,28(11):98-102.

[66]黄晓治,曹鑫.消费者情绪对品牌信任的影响[J].商业研究,2013(10):67-71.

[67]朱翊敏,周延风.品牌熟悉度和赞助方式对消费者响应的影响[J].商业经济与管理,2013(1):43-51.

[68]黄姚.增强品牌沟通效果的虚拟形象代言人特质:熟悉度、吸引力和形象独特性[J].中国商贸,2011(32):52-53.

[69]杜惠英,王兴芬,庄文英.在线评价对消费者购买意愿影响理论模型与实证研究[J].中国流通经济,2017,31(8):49-56.

[70]王宇灿,袁勤俭.消费者在线评价参与意愿影响因素研究:以体验型商品为例[J].现代情报,2014,34(10):166-173.

[71]丁沛,马铁驹,马也.基于在线评论的新能源汽车销量影响因素研究[J].系统科学与数学,2022,42(10):2647-2664.

[72]罗彩娟.在线评论数量对普洱茶销量的影响[D].昆明:云南财经大学,2022.

[73]曹雨昕.基于在线评论的消费者网购服装影响因素及服务评价研究[D].阜新:辽宁工程技术大学,2022.

[74]张淑涵.用户专业度与主题贡献对酒店在线评论的影响[D].大连:东北财经大学,2021.

[75]郑小虎.基于在线评论推荐的消费者购买意愿研究[D].泉州:华侨大学,2021.

[76]赵思暄.在线评论中触觉线索对消费者购买意愿的影响[D].北京:首都经济贸易大学,2021.

[77]莫赞,罗敏瑶.在线评论对消费者购买决策的影响研究:基于评论可信度和信任倾向的中介、调节作用[J].广东工业大学学报,2019,36(2):54-61.

[78]赵明明.品牌体验对购买意愿的影响:品牌满意度和品牌信任的链式中介作用[D].南昌:江西师范大学,2017.

[79]孙翠.基于品牌信任的品牌核心价值对消费者购买意愿的影响研究[D].广州:暨南大学,2016.

[80]宋蕾,剑光.自有品牌购买意愿影响因素研究述评[J].商业经济研究,2018(23):59-62.

[81]贺爱忠,李钰.商店形象对自有品牌信任及购买意愿影响的实证研究[J].南开商业评论,2010,13(2):79-89.

[82]童利忠,雷涛.自有品牌的品牌信任对品牌形象与购买意愿的中介作用研究[J].软科学,2014,28(9):105-108,113.

[83]李健生,赵星宇,杨宜苗.外部线索对自有品牌购买意愿的影响:感知风险和信任的中介作用[J].经济问题探索,2015(8):44-51.

[84]杨尊尊.新零售背景下线下体验对线上购买意愿的影响研究[D].北京:中央民族大学,2019.

[85]孙永波,武博扬.线上零售商自有品牌购买意愿影响因素评析[J].财会月刊,2018(4):126-132.

[86]李健生.自有品牌中国的实证研究[M].大连:财经大学出版社,2015.

[87]周兆晴.体验营销(修订版)[M].南宁:广西民族出版社,2004.

[88]朱良杰.数字化品牌资产:概念化、构成维度及两类前因的作用机制研究[D].上海:华东师范大学,2019.

[89]袁登华.品牌信任研究脉络与展望[J].心理科学,2007,30(2):434-437.

[90]于春玲,郑晓明,孙燕军,等.品牌信任结构维度的探索性研究[J].南开管理评论,2004,7(2):35-40.

[91]马凯旋.屈臣氏公司彩妆产品营销策略研究[D].西安:西安理工大学,2022.

[92]张玉杰.屈臣氏自有品牌产品营销策略研究[D].济南:山东大学,2022.

[93]王喜凤.零售自有品牌实现高质量发展的路径与案例分析:以屈臣氏为例[J].商业经济研究,2022,844(9):120-124.

[94]梁丽君,郑燕君,曾云,等.新零售背景下屈臣氏自有品牌的营销策略探究[J].中国商论,2021(24):26-28.

[95]阮梦洁.屈臣氏自有品牌产品营销策略研究[D].西安:西安理工大学,2020.

[96]牛超越.我国零售企业自有品牌战略分析:以屈臣氏为例[J].环渤海经

济瞭望,2020(2):68-70.

[97]李铎.屈臣氏自有品牌的扩张野心[N].北京商报,2011-03-09(A05).

[98]黄晓韵.屈臣氏的生意还好吗?[N].南方日报,2022-01-14(B04).

[99]乐琰.数学模型"开道"零售商决胜自有品牌[N].第一财经日报,2015-01-06(A12).

[100]郑明佳.外资日化零售企业垄断优势研究[D].成都:西南财经大学,2022.

[101]陈翔.企业家精神、组织韧性与中小企业成长:一个有调节的中介效应检验[D].南京:南京邮电大学,2022.

[102]钟楚涵,蒋政.零售业竞争加速 自有品牌成增长强引擎[N].中国经营报,2024-01-08(D02).

[103]马凯旋.屈臣氏公司彩妆产品营销策略研究[D].西安:西安理工大学,2022.

[104]张彤.国内连锁零售企业自有品牌发展对策浅析:以屈臣氏为例[J].市场周刊(理论研究),2017(5):51-52,7.

[105]宗琮.零售企业发展自有品牌战略刍议[D].贵阳:贵州大学,2008.

后 记

　　书稿完成之际的如释重负、欣喜、兴奋之情,难以通过语言形容。实体零售自有品牌线上线下跨渠道融合研究具有一定的理论价值,也具有一定的实践意义。之所以说该研究具有理论价值,主要是因为虽然国内营销学、零售学理论界已经开始关注零售自有品牌发展,近几年有关零售自有品牌的研究也逐年升温,但是研究成果无论在数量上,还是质量上,都远远落后于其他领域,国内零售自有品牌研究整体处于较低水平,而本书的公开出版,从某种程度上可以进一步丰富国内零售自有品牌的研究成果,充实零售自有品牌理论知识体系。之所以说该研究具有一定的实践意义,主要是考虑当前国内零售自有品牌发展现状:我国自有品牌起步晚,远远滞后于英美法等国;实体零售自有品牌受到互联网经济的冲击;实体零售的销售成本和管理成本居高不下;零售业态多样化,且参差不齐,竞争程度进一步加剧;零售实体管理水平不高,普遍缺乏现代化的电子信息技术和高级管理人才。据此可以看出,我国实体零售行业当前正面临着严峻的考验,"羽翼未丰"的实体零售自有品牌则更是困难重重。因此,本书公开出版一方面可以启发实体零售企业转变经营思路,结合企业自身的实际情况,尝试开发自有品牌产品,布局自有品牌市场;另一方面可以为实施自有品牌战略的零售企业促进门店转型升级、提高实体门店顾客体验、提升线上顾客的引流与转化、加快线下线上跨渠道融合步伐提供决策建议或有益参考。

　　本书作为 2021 年度河南省哲学社会科学资助项目"实体零售自有品牌线下顾客体验对线上顾客购买意愿影响研究"(2021BJJ081)研究成果,早在2019 年年初已经着手准备工作,组建课题申报团队,查阅国内外相关文献,凝练选题,撰写项目申报书。

　　在首次独立完成这部专著的过程中,我发现学术的世界里充满着智慧与挑战,需要身处其中的每个人多一点耐心、多一份付出、多一点勤奋。每一个细微的发现和小小的进步可能都需要经过无数次反复的尝试和修正。正是这种坚持不懈的追求和探索,使我对自有品牌线上线下融合研究领域有了深入的理解和认知。在撰写本书期间,虽然我遇到了各种各样的困难与挑战,但更觉收获满满。此时此刻,当我端坐在电脑前,回顾这段为期三年且不平凡的撰写旅程,心中难免感慨万千。

首先,衷心感谢我的导师河南大学张洁梅教授。感谢她张开双臂,爽快同意我的访学申请,并热情地接纳了我,为我提供了一次珍贵的河南大学商学院学习机会。感谢张教授在生活方面给予的细心照顾。无论是熟悉校园环境、解决住宿问题、安排实验室工位、分享每学期本硕博课程表,还是了解生活学习适应情况、配送老师办公室钥匙,正是因为张老师在这些细节上的细致和周到,让我快速融入新环境,为我后续为期一年的访学提供了极大的便利。感谢张教授在学习方面给予的用心引导。入学之初,张老师在繁忙教学和科研工作之余,挤出时间,用心引导我认真规划这一年访学工作,制定周密的访学工作计划,启发我兼顾好教学和科研两方面工作,建议我一方面积极走进本科生课堂,通过系统学习"市场营销学""消费者行为学""网络营销"等专业课程,不断更新自己的知识结构,完善自己的知识体系,学习先进的教学方法和教学方式,不断提升自己的教育教学水平;另一方面,走进硕士、博士课堂,把握学术前沿,了解并掌握主流研究方法,接受系统学术训练,不断提升自己的学术素养。在此期间,我学习了中介效应和调节效应的分析原理,自学了 SPSS、AMOS 实证分析软件,这些知识和技术对本书顺利完成发挥着关键作用。感谢张教授在科研方面给予的耐心指导。张老师吸纳我参与《市场营销学》教材第二版的修订工作,对于案例甄选和章节内容组织进行耐心指导,其间受益匪浅。与此同时,张老师还鼓励我积极申报省级课题,并从选题凝练到申报书撰写、从问题提出到模型的调整、从变量名称简化到语句标点均进行悉心指导。正是得益于申报过程中张老师耐心指导和多番修改,2021 年 10 月份哲学社会科学项目获批,这才有了本书最初撰写的动力和最终的成稿。张老师严谨的学术态度、深厚的学术造诣、诲人不倦的师长风范和平易近人的人格魅力一直是我学习的榜样,恩师给予我许多终身受用的有益教诲,为我树立了做人、做事、做学问的楷模。丰富多彩的河大访学工作将在我的脑海中留下永久而美好的记忆,衷心感谢访学期间给我提供帮助和支持的张洁梅教授、李耀院长、马悦杰硕士、唐冰辛硕士、李小开博士、尹颖博士、张倩男博士。

其次,我要感谢郑州大学出版社,他们为这本书的公开出版付出了很多时间和精力,做出了很大的贡献。从初稿到定稿,修改期间他们耐心地听取我的各种解释和建议,甚至包括书名的凝练,都给予了很强的专业性指导和帮助。在这里,我尤其要特别感谢的是郑州大学出版社的编辑老师,她们在繁重工作之余、琐碎家务间隙,仍然能逐一回复并解决我的每一个疑问、困惑或难题,她们的耐心、细致和严谨,让我受益匪浅。

再次,在撰写本著作的过程中,我获得了河南省哲学社会科学规划办公室的鼎力相助和项目评审专家的热心指导;得到了信阳学院理事长高云女士的大力支持;得益于信阳学院人事处处长张凌江女士和人事处负责人徐雪丽女士的大力关切;有赖于信阳学院科研处负责人的王科翰、陈凯旋两位老师的全力帮助,特在此一并表示深切的谢意!

复次,我要感谢信阳学院商学院各位领导和老师。感谢信阳学院商学院领导班子的大力支持,他们竭尽所能高效地填写学院意见,使得我顺利通过访学申请流程,为后续的学习和著作撰写创造了可能;感谢程怀儒教授的鼎力相助,他在紧张而又繁忙的授课工作之余,认真、客观地评定我个人的业务能力和基本素养,用心、详细地为我撰写专家推荐意见;感谢同事们的倾囊相助,他们结合各自擅长的领域,给我提了很多宝贵的意见和建议,这使我在课题研究和著作撰写中少走了许多弯路。本书顺利完稿,离不开商学院领导班子、诸位教授、各位同事、同学们和朋友们的关心和帮忙。我真挚地感激所有关心、支持和帮助过我的每一个人!在此一并表示感谢。

最后,我要感谢我的家人。感谢孩子们对我的包容,外出为期一年的访问学习、为期两年的项目结项材料的准备和长达四年之久的著作撰写,占用了我太多太多的业余时间,也耗费了我太多太多的个人精力,因此也牺牲了许多陪伴孩子的时间和放弃了许多休息的机会。孩子们毫无怨言的爱与包容是我跌跌撞撞一路走来的动力源泉。感谢齐先生的理解和支持。齐先生全力支持我外出学习,亲自开车送我到河南大学报到,安排我的住宿,访学结束帮我搬运行李,开车接我回家,外出访学期间,他在上班之余,努力照顾好两个孩子的衣食住行和学习,免除我后顾之忧,使我能够潜心学习、认真钻研、积极申报项目。在项目申报、项目结项、后期著作撰写和整理的漫长过程中,齐先生和两个孩子一直给予我精神上的支持和鼓励。家人是我一往无前的坚强后盾,也是我长期坚持下去的不竭动力。正是有了家人的理解和支持,我才能够专注于学习、工作和科研,这本书才得以完成。

　　本著作的出版并不意味着终点,相反它是一个崭新的起点。希望本书的研究成果能够为后续开展实体零售自有品牌可持续发展等相关研究提供一定借鉴,并为国内实体零售企业开发自有品牌提供决策管理方面的有益参考。我更希望在不久的将来,有关国内自有品牌跨渠道融合的研究能够得到更多专家、学者和企业管理者与实践者的关注与讨论,为我国零售自有品牌高质量发展做出更大的贡献。

　　虽历经多稿打磨,但书中难免有疏误之处,敬请读者朋友见谅,欢迎各位读者批评指正!

王喜凤

于信阳浉水河畔

2024 年 2 月 20 日